産婦人科医＆
小児科医の
アドバイス

35歳からの〝おおらか〟妊娠・出産

三石知左子
（葛飾赤十字産院院長）
牧野郁子
（東京女子医科大学産婦人科非常勤講師）

亜紀書房

はじめに

出産・育児を楽しむ

　この本は35歳以上で初めての出産を迎える高齢出産の方々を主な読者として想定しています。しかし、年齢に関係なく、妊娠・出産を考えることは自分の体と向き合ういいきっかけになります。ですから、これから妊娠を望むすべての女性に、ぜひ、手に取っていただきたいと思いながら本書を書き進めました。

　20代での妊娠・出産と比べると、高齢出産にはどうしてもリスクがついて回ります。けれど、35歳や40歳で大きなトラブルを経験することなく分娩の日を迎える方もいれば、20代でも妊娠高血圧症候群などさまざまな症状に見舞われ、お産が大変なものになってしまう方もいます。

　一人ひとりの顔や体型が異なるのと同じように、妊娠・出産は十人十色。一人ひとりが違って当たり前なのです。

書店に並ぶ妊娠・出産関連の本を手に取ると、妊娠の経過は当然として、考え得る病気やトラブルなどが事細かに取り上げられ、情報がぎっしりと詰め込まれているものが多いように感じます。もちろん、それらの本は妊娠中にきっと役立つでしょうし、否定するものではありません。

けれど、いままで気にも留めなかったことがかえって気になって、不安な気持ちが増長したり、あるいは反対に、本が分厚過ぎて読む気をなくしてしまい、本来は必要である知識も知らないまま10カ月を過ごした、などという笑えない話もあります。

妊娠・出産に関する本は、ただ情報を与えるだけではなく、読んだ結果、自分で答えを導き出せるような考え方が身につく本であってほしいと私は考えます。

妊娠・出産、そして育児が始まれば、毎日が思わぬ出来事の連続です。その日々の中で、自分で考えて行動できることが大切なのです。それを実現するためには、妊娠・出産・育児の知識を得るときに〝なぜ〟の部分を知ることが欠かせません。

なぜ、そうする必要があるのか。なぜ、そうしてはいけないのか。〝なぜ〟の部分がわかれば、どうしたらいいのかが見えてきます。

人生の中でも大きな出来事である妊娠・出産、その後に続く育児をストレスなく行うには、母親の知性が欠かせない要素だと思います。年齢を重ねた女性には、豊かな人生経験に基づく知性が備わっています。その資質を充分に活かし、おおらかな気持ちで出産・育児を楽しんでいただければ、これ以上うれしいことはありません。

働くママの権利と義務をもう一度考えてみましょう

高齢出産を考えるときに、もうひとつ気になるのがワークライフバランスではないでしょうか。結婚しても働き続ける女性が増えた結果、出産ギリギリまで働くケースも珍しくなくなりました。女性が社会で働くことには私も大賛成です。しかし、キャリアを重ねた分だけ、仕事が最優先の思考回路になっている方も少なくないようです。

産休に入るまでは仕事＝自分が優先で赤ちゃんは二の次。無意識のうちにそのような行動を取っている女性は本当に多いのです。でも、仕事と母親を両立するためには、赤ちゃんがお腹に宿ったと知ったその瞬間から、赤ちゃんを守りながら仕事を続けていくにはどのような選択がベストかを考えなくてはなりません。

赤ちゃんは生まれる前から自らの意思を持って生きています。仕事と違って自分の都合や意思でコントロールはできません。赤ちゃんありきの考え方でいなければさまざまな状況に対応できないのです。

たとえば、自分の足元が見えないくらいお腹が大きくなっても、靴は8センチヒールのまま働いている妊婦さんがいます。その姿が仕事をする自分の理想像であったとしても、転んでお腹を打ったらどうなるのかを考え、その答えを優先させることが大切です。

仕事によって強いストレスを感じているなら、そのストレスが赤ちゃんにどのような影響を与えるかを考え、解決策を探ってみる。いまの自分にとっていちばん大切なものは何か、赤ちゃんとの生活をより楽しいものとするために、ぜひ立ち止まって考えてみていただきたいのです。

　また、仕事を持つ女性にもうひとことだけ。ここ数年で「産前産後休業制度（産休）」、「育児休業制度（育休）」、育休明けの「時短勤務」など、法整備が進んだだけではなく企業の努力もあり、子育てしながら働きやすい環境がすいぶん整ってきました。仕事を持っている以上は、妊娠中のどこかのタイミングで産休をいつから取るか、仕事復帰はいつにするかを考えなくてはなりません。そのときに、与えられた権利を使って当然と考えるだけではなく、権利を使うからには義務が発生することを忘れないでいてほしいと思います。

　産休・育休はお休みが明けたら復職するのが前提です。しかし、お休みと社会保険から支給される手当てだけはしっかりいただいて、休みが明けたら退職してしまう女性も多いと聞きます。診察室で出会うお母さんの中には「出産前はすぐにでも仕事復帰するつもりだったけれど、育休を使って子どもと半年間一緒にいたら、仕事なんてどうでもよくなってしまったので退職しました」という方もいます。この方のようなケースは稀で、実際には最初から復職の意思はなく、産休・

育休制度を確信犯的に使う人が大勢いるのは残念です。

少子化が社会問題になったことで、現在は社会全体で子育てしやすい環境を模索し、支えようと努力をしています。その中で、自分勝手な行動を取ることが、これから出産を控える会社の後輩たち、10代20代の女性たちにどのような影響を与えるか。少し頭を巡らせてみてください。

ふと立ち止まったときが出産を考えるタイミング

一生懸命に働いてキャリアを積んだ女性が、自分の年齢を考えてふと立ち止まったとき。結婚の二文字や出産のタイムリミットが頭をよぎることでしょう。そこで初めて、「自分は出産できる体なのか」と考え始める人も多いのではないでしょうか。

妊娠・出産は女性にとって大きな転機とよくいわれますが、そこには、家族がひとり増えるということ以上に、妊娠・出産を通じて自分という存在を再確認し、命の尊さを身をもって学び、ひとりの人間として大きく成長することも含まれています。

妊娠・出産のスタイルが一人ひとり違うように、決断するタイミングも人それぞれです。「赤ちゃんはどうしよう」。そう思ったときが、あなたにとって最適のタイミングです。ぜひ本書で、妊娠・出産について学んでください。

本書では、専門性を高めて記述の確実性を増すために、妊娠・出産に関することを産婦人科医の牧野郁子が担当し、お腹の中の赤ちゃんのこと、出産後の育児に関することを小児科医である三石知左子が担当しました。

35歳からの〝おおらか〟妊娠・出産
目次

Q　ブライダルチェックを受ける婦人科はどうやって探せばいいですか？
Q　仕事を続けたいし、子どももほしい！　これって矛盾していますか？
Q　高齢になると障害児を妊娠するリスクが高まるというのは本当？
Q　妊娠健診や出産の費用は保険適用外で高額になるというのは本当？
Q　妊娠検査薬とはどのような仕組みなのですか？
Q　排卵日を簡単に特定できる方法はありませんか？
Q　いつセックスをすると妊娠しやすいですか？
Q　妊娠検査薬で陽性が出ました。いつ頃、どの病院に行けばいいでしょう？
Q　助産師による自宅出産が希望です。高齢出産でも大丈夫ですか？
Q　妊娠初期の流産を防ぐ手立てはありませんか？
Q　夫は嫌がっているけど、出産に立ち会ってもらいたいのですが……

2章　子どもがほしいと思ったら——「妊娠力」を高めましょう

3章 妊娠生活を楽しむ――仕事と両立できるの？ 85

多胎妊娠はこわくない!
やはり気になる、妊娠中の体重管理
高齢出産なら知っておきたい、出生前検査のこと
妊娠したら、禁酒・禁煙は当たり前?
妊娠中の運動はしてもいい?
知っておきたい、産休・育休の基礎知識
出産のスタイルを考える

4章 ストレスに負けない子育てのコツ——〝真面目〟はほどほどに

これから始まる、ママとしての人生
小児科医との上手な付き合い方
ママも赤ちゃんも変化の大きい1年
母乳? それとも、ミルク?
赤ちゃんと触れ合う沐浴の時間

うちの子、ちゃんと育ってる？
もっと母子手帳を活用しましょう
産休・育休明けの子育てについて

5章　対談　妊娠・出産・育児は〝ままならないこと〟ばかり

産婦人科医と小児科医からみる「高齢出産」

高齢のお母さんは真面目？
思い通りにならないことを楽しむ余裕を
出産・育児の充実感はバースプランから
妊娠さえできればいいという考えはＮＧ
妊娠は〝神のみぞ知る〟世界

1章

まずは疑問を解消！
高齢出産にまつわる疑問・質問Q&A

妊娠検査薬の仕組みや妊娠しやすい時期など、高齢の妊婦さんからよく聞かれる質問をまとめました。

Q 35歳を越えると高齢出産?

A

一般的に、35歳以上で出産する女性を「高齢出産」と呼んでいますが、これは正式名称ではありません。日本婦人科学会では、〝35歳以上の初産の女性〟を「高年初産婦」と定義しています。どうして年齢で区別をするかというと、産道の柔らかさに違いがあるからです。経産婦さんと比べると、35歳以上の初産では産道が硬くなっている人が多く、難産になりやすい傾向にあります。個人差が大きく、高齢出産のすべてが難産になるわけではありませんが、お肌に曲がり角があるように、妊娠・出産に大きく関わる子宮や卵巣にも年齢による変化が起こります。

こうした妊娠・出産にまつわるさまざまな条件を総合的に判断した結果、35歳以上の初産婦さん・経産婦さん（出産経験がある人）を高齢出産と呼び習わし、通常の出産とは区別して、注意を促しているのです。

Q　いままで大きな病気もなく、健康には自信あり。私には、高齢出産のリスクなんてありませんよね？

A

妊娠した女性の体内では、劇的な変化が起こります。赤ちゃんの発育を助けるために、ホルモン量や免疫力の変化、水分量の増加など、あらゆる面で〝妊娠前とは違う体〟になります。ですから、いくら健康な人であっても、予想外の症状に見舞われることがあります。

私の患者さんで、高齢出産する管理栄養士の妊婦さんがいらっしゃいました。彼女は当然のことながら、バランスのよい食事を心がけていて、健康には自信を持っていました。ところが、糖の値が高く、高齢出産のリスクのひとつである「妊娠糖尿病」と診断せざるをえませんでした。もちろん、彼女に非はありません。細心の注意を払っていても、妊娠中にはあらゆる事態が起こりうる。そこを理解していただきたいと思います。

Q 36歳で結婚をしました。不妊治療はいますぐ始めるべき？

A

不妊治療の前に、まずは、ブライダルチェックを受けましょう。

ブライダルチェックとは、結婚を控えた方や妊娠希望の女性が安全に妊娠できる体なのかを知るための検査です。子宮頸がんや性感染症、風疹の抗体の有無、子宮筋腫があるかどうかを、超音波や血液検査、尿検査などから調べます。費用は2～3万円というのが一般的です。

ブライダルチェックを受けるメリットは大きくふたつあります。ひとつは、検査によって筋腫や糖尿病の有無がわかり、妊娠前の治療でリスクを大幅に減らせることです。ふたつめは、検査を受けた産婦人科でかかりつけ医と出会えることです。不妊治療をする場合にもアドバイスを受けたり、地域の貴重な情報を得られるなど、さまざまな面で助けになってくれるでしょう。

Q ブライダルチェックを受ける婦人科はどうやって探せばいいですか？

A

本来ならば、成人した女性全員に、自宅や会社の近所でかかりつけの婦人科を持っておいてほしいというのが本音です。妊娠・出産に限らず、いつもあなたの体調を見届けてくれるお医者さんがひとりいるのが理想です。まずはネットなどを見て、院長のプロフィールや医療に対する方針などを読み、自分に合うかどうかの判断をするといいでしょう。ネットの口コミも参考になるはずです。

最終的には、人と人が接することですから、相性がいちばん重要になります。先生の説明はわかりやすいか、信頼できそうな先生かを自分の目で見て判断しましょう。あまりいい印象でなければ、遠慮することなく別の婦人科を探してください。

Q 仕事を続けたいし、子どももほしい！ これって矛盾していますか？

A

仕事を続けながらの妊婦生活では、通勤電車での乗り物酔いや勤務中のつわり対策など、大変な面も出てきます。しかし、1日中お腹の赤ちゃんのことばかり考えていると少しの変化にも敏感になり、いらぬ不安を招く原因にもなるので、仕事を持っていることにもメリットはあります。

以前に、ほんの些細な変化でも心配になり、毎週のように外来を受診する妊婦さんがいました。「大丈夫ですよ。経過は順調ですよ」と伝えるのですが、翌週にはまた違う不安を抱えてやってきます。これでは気が休まらず、ママにとっても赤ちゃんにとってもいい環境とは思えません。

働きすぎて体調を崩してしまっては本末転倒ですが、体調管理にしっかり気を配り、会社の産休・育休制度を活用しながら出産している働くママは大勢います。

Q 高齢になると障害児を妊娠するリスクが高まるというのは本当？

A

高齢出産の場合、赤ちゃんに染色体異常が現れる確率が高くなります。染色体異常の中で、発生頻度の高い症例がダウン症です。ダウン症は先天性の染色体異常で、知能や運動能力などの発達に遅れが生じたり、心臓に先天性疾患を伴うこともあります。一般的にダウン症の発生率は出産年齢が20歳で1500人に1人、30歳で1000人に1人、35歳で300人に1人、40歳で100人に1人と確率が上がっていきます。年齢に関係なく、出生数全体でみると、700人に1人という割合です。

数字だけを見れば、年齢とともにリスクは上がるといわざるをえませんが、妊娠する前から悩む必要はありません。妊娠中はおおらかな気持ちで過ごすのがいちばんですが、どうしても気になる場合には、妊娠中に先天性異常の有無を調べる出生前検査（125ページ参照）を検討してみるといいでしょう。

Q 妊婦健診や出産の費用は保険適用外で高額になるというのは本当？

A

妊婦健診とは、胎児の心拍が確認されて正常妊娠と認められ、母子手帳を交付された後の健診を指します。妊娠22週までは4週に1回、35週までは2週に1回、36週以降は毎週と、計14回前後の受診が望ましいとされていますが、保険は適用されません。そのかわり、母子手帳と一緒に妊婦健診の補助券をもらえますが、補助の回数は2～14回と自治体によって大きく異なるので、確認が必要です。補助券で健診の全額をまかなうのは難しく、1回の健診につき千円から多いときで1万5千円ほどかかる場合があります。出産費用については健康保険から42万円の補助が出ます（２０１０年3月現在）。

妊娠・出産時には予想外の出費も含めて、お金がかかります。会社によっては出産一時金などが出ることもあるので、勤める会社や自分の住む自治体の制度をチェックしてみましょう。

Ｑ　妊娠検査薬とはどのような仕組みなのですか？

Ａ

受精卵が着床すると、妊娠を維持するためのホルモンであるｈＣＧ（human Chorionic Gonadotropin／ヒト絨毛性性腺刺激ホルモン）が分泌されるようになります。このホルモンは妊娠していない女性の体内では作られないため、妊娠検査薬ではｈＣＧが尿中に含まれているかどうかで妊娠を判定します。産婦人科で採尿して行う妊娠検査も原理はこれと同じです。市販されている妊娠検査薬の精度はとても高く、陽性反応が出れば99パーセントの確率で妊娠しているといえます。

また、一般的な妊娠検査薬は月経予定日の１週間後あたりから使用します。というのは、ｈＣＧは着床してから徐々に体内でつくられるようになり、尿中に出てくるのは月経予定日ごろとなるからです。ｈＣＧの値が高くなり、安定して排出されるようになるのは月経予定日の１週間後ぐらいからです。

Q 排卵日を簡単に特定できる方法はありませんか？

A

月経周期が安定している方ならば、基礎体温表をつけることで、だいたいこのあたりという目星はつけられます。また、排卵日が近づくと、精子が卵管を通りやすいように子宮頸管粘液が分泌されるため、粘度の高い、伸びるおりものが出るようになりますので、これもひとつの目安になります。

より正確に排卵日を特定するためには、薬剤師のいる薬局で購入できる排卵日検査薬を使うのもいいでしょう。基礎体温表などから導きだした排卵日と思われる日の前後1週間に検査をして、陽性のラインで判定をするものが一般的です。

いちばん確実なのは病院などで卵胞の大きさを診てもらうことですが、来院の頻度が多くなれば金銭的にも負担が大きく、また、日常生活にも影響が出ますので、お財布や時間との相談になるでしょう。

Q いつセックスをすると妊娠しやすいですか？

A

排卵されたときに卵管膨大部で精子が待ち受けているか、あるいは、排卵後12～24時間以内に卵管膨大部に精子が到着するか、そのいずれかの場合にしか妊娠しません。

２２１人の女性を対象に４年間、性行為の有無と尿検査でホルモンの値を測ったアメリカの研究によると、妊娠の確率は、排卵日の５日前の性行為で10％、排卵日が近づくにつれて確率は高まるものの排卵日当日の性行為でも33％、排卵日の翌日以降では０％だったそうです。つまり、排卵日の２～３日前から排卵日の当日までの期間がもっとも妊娠しやすい期間といえます。

Q 妊娠検査薬で陽性が出ました。いつ頃、どの病院に行けばいいでしょう？

A

まずは、おめでとうございます！　この喜びをさらに確実にするためには、やはり、医師の診断を受ける必要があります。というのも、受精卵が子宮に着床している正常妊娠の場合でも、卵管などに着床してしまった子宮外妊娠の場合でも、妊娠検査薬には同じように陽性反応が出ます。

子宮外妊娠の場合、そのまま放置しておくと最悪の場合には卵管が破裂するなど危険な状態になりますので、早期に発見し、適切に処置をする必要があります。そのためにも、最初の受診は生理予定日の1週間後、妊娠週数でいうと5週目頃に受けていただきたいと思います。その後、妊娠6～7週で胎芽と心拍が確認されると妊娠が確定し、母子手帳を受け取ることになります。

Q　助産師による自宅出産が希望です。高齢出産でも大丈夫ですか？

A

医療の介入しない助産院や自宅でのお産は、基本的に、妊娠経過の良好なローリスクの妊婦さんに限られると思ってください。高齢出産はハイリスクとして挙げられますので、経過が順調でも年齢で断られるケースもあります。自宅出産が可能な場合でも、もし出産中にトラブルが起きた場合はどう対処するのか、搬送先の病院まで時間はどれくらいかかるのかなど、万が一の場合に備えたリサーチは必須です。妊娠後期に発症しやすい妊娠高血圧症候群（以前は妊娠中毒症と呼ばれていました）にかかるなど、出産のリスクが高まったときには、ママと赤ちゃんの健康を第一に考え、自宅出産は諦めましょう。最近では助産師外来を併設した病院もあるので、自宅出産ばかりにこだわらず、広い視野でお産に向き合っていただければと思います。

Q 妊娠初期の流産を防ぐ手立てはありませんか?

A

残念ながら、これという決定的な手段はありません。現在のところ、初期の流産は受精卵に染色体異常があり、もともと育つ力を持っていなかったと考えるしかないのです。しかし、染色体異常が原因とされるダウン症候群のお子さんたちは元気に産まれ出ることができます。彼らには生きる力が備わっていた、ということなのです。

妊娠初期は10カ月の妊娠期間の中でもっとも不安定な時期です。安定期に入るまで周囲に妊娠を告げない方も多いようですが、切迫流産やつわりなどで入院することも考えられるので、できることならば、プライベートや仕事で直接関わる人にだけは早めに報告するなどして、体調を優先できるような環境を整えましょう。

Q　夫は嫌がっているけど、出産に立ち会ってもらいたいのですが……

A

初めての出産が不安で、ご主人に近くにいてほしいという気持ちは痛いほどよくわかります。けれど、ちょっとだけ考えてほしいのです。あなたのご主人は、十分に心の準備ができているでしょうか。あなたは10カ月かけてじっくりと親になる準備ができていますが、ご主人はどうでしょう？

いざ出産という場面になると、女性のほうがしっかりしています。立ち会っているご主人はといえば、医師や看護師がテキパキと動いている中で居場所がなく、所在なさげにしていることも多いのです。夢を壊すようで申し訳ないですが、分娩中におろおろしてばかりのご主人にキレている妊婦さんを、いままでにたくさん見てきました。このときの経験が後々の夫婦関係に影響を及ぼすこともあるようです。

ご主人の性格をよく考えて、出産に立ち会ってもらうかどうかを考えましょう。

2章

子どもがほしいと思ったら――
「妊娠力」を高めましょう

健康で病気ひとつしたことがなければ即妊娠、とはいきません。自分の体を知り、食習慣を見直すことで、妊娠の可能性が広がります。

子どもがほしいと思ったときに

＊35歳からの妊娠・出産は安全？

日本産婦人科学会では、35歳以上の初産を高年初産婦（一般的には高齢出産と呼び習わしているので、本書では「高齢出産」で統一）と定義しています。１９９３年以前は30歳で高齢出産と定義されていましたが、時代の流れとともに30代での出産が増え、また医療の進歩でより安全なお産ができるようになってきたことから、年齢が35歳に引き上げられて現在に至ります。

実際、外来で数多くの妊婦さんと接していると、年々、高齢出産の方が増えてきたことを実感します。ここ数年は、40歳以上の初産が多くなってきた印象を受けます。厚生労働省が出した「人口動態統計」の中の「年齢別出生数」

を見てみると、平成20年にもっとも多く出産をした年齢層は30～34歳の37・1％で、高齢出産まであと数年という方々でした。高齢出産にあたる35～39歳は18・４％、40～44歳は２・５％で、２つの数字を足すと20・９％となり、出生数全体の約２割を占めています。30歳以上でくると、なんと58・０％となり、全体の約６割という結果になります。出産年齢が上がってきていることを実感させられる数字ではないでしょうか。

最近では35歳以上の妊娠・出産がごく普通のこととなり、テレビを見ていても、40歳目前で結婚した女優さんに「子どものご予定は？」と訊ねるリポーターの姿を目にします。35歳以上で初めての子どもを授かる有名人が増えてきているのも事実で、名前と年齢がセットで報道されるたびに高齢出産のハードルはどんどん低くなり、40歳前後での出産が当たり前と思われてしまうことに医師としては不安を覚えます。というのも、現在のように高齢でも安全にお産ができるようになったのは、医学的に見ればごく最近のことだからです。

先ほどの「人口動態統計」の中には、妊産婦死亡数という項目もあります。妊娠、分娩、出産後のいずれかにおいて命を落としてしまった方々の総数は、1975年には年間546人だったのが、2007年は35人にまで激減しています。この数字を見れば、いかに現代の産科医療が安全になったかがわかると思います。

わずか数十年前までは出産は母子共に死をともなう可能性があると認識されていました。ところが、今では妊産婦が死亡することが珍しくなり、「赤ちゃんもお母さんも無事で当然」という考え方になっているように感じます。もちろん、安心して出産に臨める現状は、医師としてもよろこばしいことです。

しかし、いまのように安全なお産が可能になった背景には、妊娠週数に合わせた定期的な妊婦健診により、トラブルを早期に発見できるようになったことが挙げられます。妊婦さんの中には、きちんと情報を調べずに「妊婦健診は高額だと聞いたから、6カ月になるのを待って健診を受けにきました」という人がいたり、医者にかかることなく出産のその日を迎え、救急車で運ばれてくる人までいます。妊娠経過が一切わからない妊婦さんのお産は、分娩中に何が起こるか予測できず、私たち産科医は強い緊張を強いられます。

また、働く妊婦さんたちの意識の中にも、お産は安全なものという気持ちがどこかにあるからなのでしょうか。お腹の赤ちゃんよりも仕事を優先させてしまう方が少なくありません。妊娠中の出血は流産や早産の可能性があり、注意すべき症状のひとつですが、「今日は大事な会議があったから」などの理由

年齢別出生率	
15～19歳	1.4%
20～24歳	11.4%
25～29歳	29.1%
30～34歳	37.1%
35～39歳	18.4%
40～44歳	2.5%
その他 （14歳以下、45歳以上）	0.1%未満

平成20年「人口動態統計」（厚生労働省）

年次別妊産婦死亡数	
1970年	1008人
1975年	546人
1980年	323人
1985年	226人
1990年	105人
1995年	85人
2000年	78人
2005年	62人
2006年	54人
2007年	35人

平成20年「人口動態統計」（厚生労働省）

で診察を後回しにする方がいます。中には、夜間の救急外来で「今朝、出血があったのですが、忙しくて今きました」などと、悪びれもせずにコンビニ受診※する方までいるのです。

でも、考えてみてください。お産そのものは確かに安全になりました。しかし、人間の体の構造は100年前も今も、ほとんど変わりがありません。妊娠中に起こるトラブルもまた、昔と今とで違いはほとんどないのです。現代では、トラブルを未然に防いだり、症状を緩和できるようになっただけなのです。

「妊娠は病気ではない」と昔からよくいわれます。この言葉に、つい無理をする妊婦さんがいるようです。けれど、「妊婦さんの体は病気ではないが、妊娠前と妊娠後では生理的にも身体的にも、まったくの別物」です。妊娠前と同じ生活、同じ感覚で過ごしては困るのです。35歳以上の高齢出産の場合、妊娠・出産に対して注意しなければならないいくつかのポイントがあります。それをご紹介していきましょう。

※コンビニ受診
緊急性がない症状なのに、患者が時間外診療を受けにくる行為をこう呼ぶ。重症患者のケアが遅れたり、医師の疲弊を招くとして、近年問題視されている。

＊「妊娠おめでとう」の先を知る

近頃では、90%以上の方が妊娠検査薬で陽性反応を確認してから病院にいらっしゃいます。薬局などで手軽に購入できる妊娠検査薬は、月経予定日の1週間後から使えるものが一般的です。そのタイミングを妊娠週数に置き換えると、だいたい妊娠5週目に当たります。

妊娠検査薬で陽性反応が出て、初めて病院を訪れた皆さんが、「おめでとう。妊娠していますよ」という医師の言葉を聞いて安心したい気持ちはよくわかります。しかし、妊娠5週目では胎嚢《たいのう》が確認できたら、子宮外妊娠の可能性がなくなりひと安心、という段階。医師としてきちんと「おめでとう」をいってあげられるのは、胎嚢の中に胎芽《たいが》（妊娠8週までは胎児とは呼ばない）が認められ、さらに、赤ちゃんの心拍を確認できたときなのです。週数でいうと、6～7週目頃になります。

さて、この「おめでとう」から先が、高齢出産とそうでない方で違ってきます。高齢出産の場合、この時点で妊娠・出産のリスクについてのお話しをします。私はいつも、「あなたは、高齢出産ということで、ハイリスクの妊婦さんとなるけれど、私たちも精一杯診ていくから、一緒に頑張ろうね」と声をかけます。それは、妊婦さんが自分でリスクを抱えていることを認識して、お腹の赤ちゃんのためにできることを考えてほしいという私の願いから出る言葉でもあります。

避けようのないこともありますが、きちんと得た知識をもとにして冷静な判断ができれば、リスクを最小限にとどめることが可能になります。そもそも、妊娠することだけでも、すごいこと。というのも、年齢に関係なく妊娠初期はもっとも流産をしやすい時期で、妊娠検査薬などで妊娠反応が出てから心拍が認められるまでの間に15％くらいの方が流産をするといわれていきす。高齢出産では、妊娠初期の流産率が20～30％になるというデータもありますので、妊娠を継続していることを大いによろこんでいいのです。

リスクについて知ることは、そのよろこびを維持し続けるための知恵である。

そう前向きにとらえていただけると、その後の妊婦ライフも楽しいものとなるはずです。この後に発生頻度の高いリスクを挙げますが、ただ不安に思うだけではなく、「リスクを減らすために自分ができることは何か」、「リスクに直面したときにどうすべきか」を考えながら読み進めてください。

高齢出産における妊娠中の主なリスク

＊妊娠初期（12週頃まで）の流産

妊娠中に流産する場合、その90％は妊娠初期、特に8週目頃までに起こるといわれます。その原因のほとんどが受精卵の染色体異常です。精子や卵子の染色体が完全な状態ではなかったために受精卵に育つ力が備わっておらず、それ以上成長することができずに流産となります。

診察の際に胎嚢は見えるけど中に赤ちゃんの姿がない、前回は確認できた心拍が止まっている。そのような場合を稽留《けいりゅう》流産といいます。そのままにしておくと強い腹痛や大量出血などが起こり母体に危険が及ぶ可能性があるため、子宮内容除去術（手術）を行います。

＊染色体異常

染色体異常にもさまざまありますが、広く知られているのはダウン症候群※です。ダウン症候群を含む染色体異常は、30歳の出産で１０００人に１人、35歳の出産で３００人に１人、40歳の出産で１００人に１人という確率で発生するとされています。割合をパーセンテージに直してみれば、ダウン症ではない確率は30歳で99・９％、40歳で99・０％ということになります。この数字を多いと見るか、少ないと見るかには個人差もありますが、クアトロマーカー試験や羊水検査（１２５ページ参照）で、染色体異常の有無を事前に調べることもできます。

※**ダウン症候群**
体細胞の21番染色体が１本余分にあると発症する先天性の疾患。染色体異常は他の染色体にも起こるが、21番以外の異常は、生存が難しい。

＊妊娠糖尿病

妊娠糖尿病とは、一般的な糖尿病とは違い、妊娠中にのみ起こる一過性の糖尿病です。高齢になると発生する率が高まるといわれています。医師の指導のもと食事や運動など日常生活の管理をしっかり行うことでトラブルはかなり軽減されますが、放っておくと巨大児になったり、妊娠高血圧症候群を発症するなどのリスクが高まります。

＊妊娠高血圧症候群

かつて、妊娠中毒症と呼ばれていましたが、２００５年４月から「妊娠高血圧症候群」に呼び方が変更されました。

妊娠20週以降にはじめて高血圧になった場合や、高血圧に加えてタンパク尿を伴う症状などを指しますが、発生する原因は解明されていません。ただし傾向として、高齢出産であること、妊娠以前よりＢＭＩ25以上の肥満であること、両親のいずれかが血圧が高いといったような遺伝的な背景などが挙げられます。

妊娠高血圧症候群と診断されると降圧剤を処方され、症状によっては入院の可能性もあります。さらにひどくなると、母体には子癇《しかん》発作（意識不明や痙攣《けいれん》）、肺水腫※、胎盤早期剥離などの可能性が高まり、半数近くの人が出産後も高血圧やタンパク尿で悩むことになります。胎児へのリスクとしては、経過が順調な母体と比べ、早産の確率が2倍以上、低体重児の出生率が3～5倍、胎児死亡率が2～3倍、仮死率が2～6倍と、見逃すことのできない数字が並びます。

＊35歳を過ぎると妊娠中のリスクが高まる理由

どれだけ医学が進歩しようとも、人間の体の構造を変えることはできません。いつの時代も、妊娠適齢期は20代ということに変わりはないのです。なぜなら、妊孕性《にんようせい》（妊娠する力）を決定づける卵巣機能は、20代でピークを迎えるからです。35歳を過ぎると卵巣機能の衰えが顕著になり、妊娠のリスク

※**肺水腫**
肺の中の毛細血管から血液中の水分が染み出して溜まることをいう。溜まった水分によって呼吸困難などになる。

以前に、妊娠そのものがしにくくなっていきます。

妊孕性と深く関わっている卵巣機能についてですが、女性は母の胎内にいるときから卵巣の中に卵子の元となる原始卵胞※を持っています。生まれたばかりの頃はおよそ100万個あった原始卵胞が、初潮を迎える頃には20万個程度になり、初潮を迎えると毎月左右の卵巣のどちらかから1個ずつ成熟した原始卵胞が卵子となって排卵されます。一生涯に排卵される卵子は400～500個ほどといわれています。

精巣で毎日新しい精子を生み出す男性とは違い、年齢を重ねるごとに肌にシミやシワができるのと同じように、卵巣は重ねた年月の分だけ老化していきます。すると、成熟した卵子が不完全だったり、ときには排卵をしないなどのトラブルが起こるようになります。卵子には母親の遺伝情報とともに23組の染色体が組み込まれています。排卵された卵子が不完全だった場合、染色体に異常が出る場合もあります。この理由から、35歳をすぎると染色体異常による初期の流産の確率が高まったり、ダウン症の発生率が高まると考え

※**原始卵胞**
原始卵胞は、一次卵胞、二次卵胞、初期胞状卵胞などの段階を経て成長する。卵巣には常にすべての発達過程の卵胞を含んでいる。

られるのです。※これが、35歳を過ぎるとリスクが高まるといわれる最大の要因です。

余談ですが、多くの女性が、生理前になると情緒が不安定になり、感情的になったり、頭痛、腹痛などの症状が出ることから、「女は子宮で考える」という言葉が使われることがあります。しかし、月経周期にともなう快・不快の症状や女性特有の悩みである冷えやむくみ、女性らしいボディラインの決め手になる女性ホルモンの排出などに深く関わっているのは子宮ではなく卵巣です。ですから、「女性は卵巣で考える」というのが本来的には正しい使い方といえます。

卵巣を若く保つためのポイントは、54ページからの「35歳からの妊娠力の鍛え方」を参考にしてください。

※染色体異常は、卵子だけの問題ではなく、精子が原因によって起こる確率も50%。

高齢出産のメリットを知る

＊高齢出産の素晴らしい一面

現実的なことに目を向ければ、20代前半の若いカップルに比べて、経済的なゆとりがあり、お金の心配をせずに出産に臨める方が比較的多いようです。出産費用は病院によって40万円前後～１００万円近くと大きな開きがあり、経済的な余裕があれば、自分の希望に沿った病院を選びやすいといえるでしょう。

次に挙げたいのは、人生経験の豊富さからくる精神的な安定度の高さです。妊娠中はとにかく心配事が尽きません。まだ自分が確立されていない年代の妊婦さんは、心配事に振り回されてストレスをためこむこともあります。ですが、高齢出産の方々は、リスクが高いことを承知の上で自分の体について知ろうと努力する方が多く、社会生活も長いことから情報収集能力にも長けています。余計な心配や情報に振り回されず、安定した妊婦ライフを送れる方が多いのです。

さらに、高齢出産の妊婦さんは、出産後の満足度が高いように感じます。臨月に入り、「高齢出産の自覚があったからこそ、10カ月という妊娠期間を大切に過ごすことができた。これが20代だったら、無自覚に海外旅行に行っていたかもしれない」と話してくれた妊婦さんがいたり、「40歳近くまで仕事優先の人生を歩んできたけど、妊娠したことで自分にとって大切なものが何かを知ることができ、生きる意味をもう一度見つめなおすことができた」と話された方もいます。

妊娠・出産をきっかけとして、多くのことに気づき、深く考えることができるのも高齢出産をする妊婦さんの素晴らしい一面だと感じています。

妊娠のメカニズム——受精から着床までの経過

＊授かった命の尊さを知る

晴れておめでたとなったら、出産までの10カ月をどのように過ごすかが、リスクを減らす意味でも重要になります。しかし、前述の通り、35歳以上で仕事を持っている女性の場合、妊娠より仕事を優先させてしまう方が少なくありません。年齢的に仕事で大事なポジションにいることは理解できますが、お腹の中にいるのは、ひとつの小さな命。その命よりも大切なものなどこの世にはない、というのが持論です。「妊娠中は、仕事より、自分より、赤ちゃんが最優先」の意識を持って過ごしてもらいたいのです。

妊娠中は体調の変化が激しいため、自己管理を徹底していたつもりでも早産の可能性が高まり、切迫早産で緊急入院という事態になることもあります。仕事のできる女性であればこそ、出産を決心したら、いつ自分が抜けても仕事に差し支えのないような職場環境を整えておいてほしいと思います。

「それができればね……」という声が聞こえてきそうですが、これまでに私は、超音波検査で何百、何千という赤ちゃんを診てきました。お腹の中の胎児一人ひとりにはすでに個性や意思（と思われるもの）があり、診察していると本当にかわいいです。そのせいか、赤ちゃんより自分の都合を優先させる妊婦さんには、ときに厳しく注意してしまうこともあります。

お腹に宿った命の重みについて、もう一度よく考えるためには、どのようにして新しい命を授かったのかを知ることが役立ちます。これから妊娠を望む方にとっても、妊娠の経緯を知ることで、なかなか妊娠しないと落ち込む気持ちを緩和できると思います。

＊精子と卵子が受精するまで

卵子の受精可能なタイミングは12〜24時間以内に限られています。排卵された卵子は受け身の状態で、過酷な生存競争に生き残った精子の到着を待ちます。そして時間内に卵子と精子が出会えば、晴れて受精となります。言葉にすると簡単ですが、受精までの道のりは長く険しいものなのです。

①精子と卵子について

精子……大きさ　約0・06ミリ

・1回の射精で1〜数億個が放出される

・子宮内での生存期間は3日前後が大半を占めるが、中には7日間生き延びるものもある

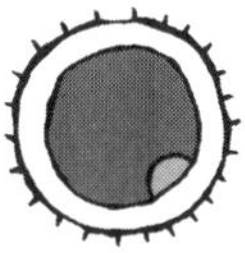

卵子……大きさ　約0・1ミリ（肉眼で見られる人体でもっとも大きな細胞）

・基本的に月1回に1個、成熟した卵子が排卵される

・受精可能な期間は、12〜24時間

②排卵された卵子はひたすら受け身

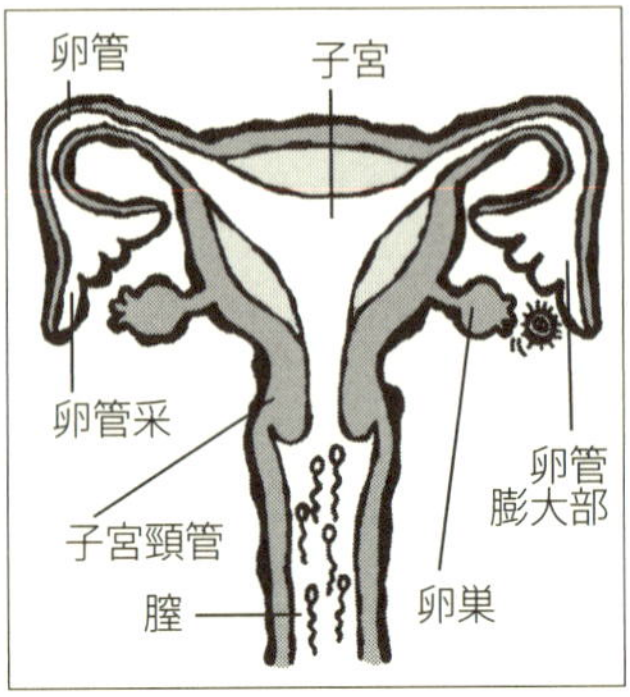

・成熟した卵子が排卵されて卵巣から飛び出すと、卵管采《らんかんさい》という場所でキャッチされて卵管膨大部に移り、精子がやってくるのを待つ

③精子が突き進む険しい道のり

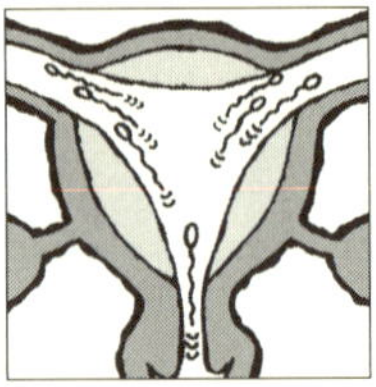

・膣内に放出された精子は、1分間に3〜6ミリというペースで子宮を目指す。しかし、酸性に保たれている膣内で弱アルカリ性の精子が生き延びるのは困難で、放出された数億個の精子は、子宮にたどり着く前にその大半

が淘汰される

④精子は子宮から卵管へ

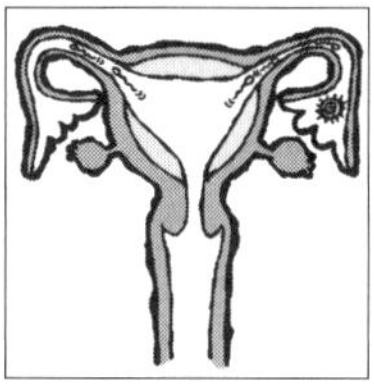

・子宮内と卵管はアルカリ性となるので、膣内を抜け子宮までたどりついた精子は平均して3日前後生存する
・精子は、子宮から卵管を通り、卵子の待つ卵管膨大部へと進むが、卵子は毎月どちらか一方の卵巣からしか排卵されないため、精子はここでも数が半減する

⑤卵子と出会ってもすぐ受精とはならない

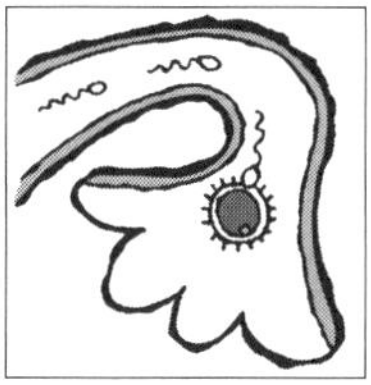

・最初に数億個あった精子は、卵子と出会う頃には数十〜数百個になる。そして、卵子を覆っている膜を溶かすために、精子は酵素を分泌する
・最初に頭をもぐりこませた精子が現れると、卵子は膜を作って他の精子をシャットアウトし、受精を完了する
・受精した卵子は受精卵と呼ばれる

＊受精卵が着床するまで

精子と卵子が出会い、受精卵となっても、それですぐ妊娠となるわけではありません。今度は卵子を目指して精子が突き進んだ道とは反対に、卵管膨大部から子宮へ向けての長旅が始まります。そして、子宮内に着床することができてはじめて、妊娠となるのです。

①細胞分裂を繰り返し子宮へ

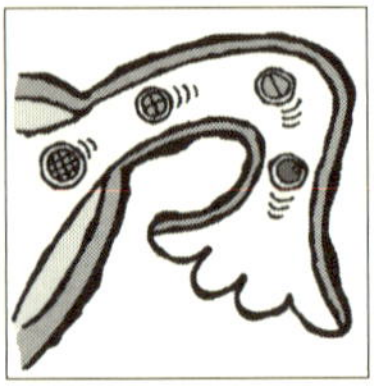

・受精卵は卵管を通って子宮へと向かいながら、2、4、8、16と細胞分裂を繰り返す
・子宮にたどりつくまでに、およそ1週間かかる

②受け入れ態勢を整えた子宮に到着

・排卵後の子宮は、黄体ホルモンによって子宮内膜が厚

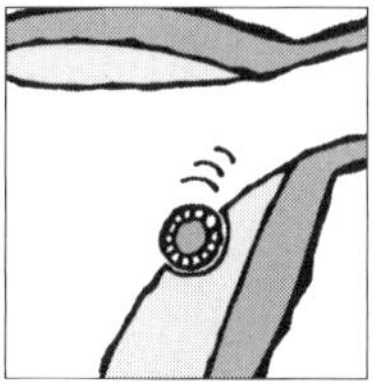

くなり（一般的に月経直後の約3倍の厚みになる）、受精卵を迎え入れる準備を整える

・細胞分裂を繰り返し、胞胚に変化した受精卵が厚くなった子宮内膜にもぐりこむことを着床と呼び、妊娠の状態となる

※子宮へと向かう途中、卵管に着床してしまった場合を「子宮外妊娠」と呼びます。この場合、妊娠の継続は不可能です。

※着床したときに微量の出血をみることがあります。これは「着床出血」と呼ばれるもので、心配はありません。

＊妊娠する確率は年2〜3回

妊娠の仕組みを知るまでは「避妊しなければ、すぐに妊娠する」と思っていませんでしたか？　しかし人間は、そんなに簡単には妊娠しない生き物なのです。というのも、健康な男女が排卵の時期に避妊せずにセックスをしていても、妊娠する確率は20～30％程度といわれ、これを年間で考えてみると、妊娠は12カ月のうち2～3回の割合です（ただし、妊娠を望まない方はきちんと避妊をする必要があることにかわりはありません）。もちろん、妊孕性には個人差があるため、あくまでも平均的な数値でしかありませんが、このことからも妊娠は奇跡の積み重ねの上に成り立っていることがわかります。

35歳からの妊娠力の鍛え方 ①～③

＊妊娠しやすい体になれる？

できることなら、誰もが「赤ちゃんは授かりもの」と心のゆとりを持って、妊娠できるその日を待っていたいものです。でも、時間は待ってはくれません。出産時の年齢が35歳を超える高齢出産の方は、気持ちに焦りが生じてしまうのも無理はないと思います。

知り合いの産婦人科医で、35歳を過ぎて結婚し、妊娠を希望している女医がいました。結婚1年を過ぎても子どもができず、ある日彼女から「先生、私、つらいんです。毎月、毎月、生理が来たことを知るのが嫌なんです」と泣きながら電話がかかってきました。妊娠・出産を専門とし、医者として優秀な彼女でさえも、自分のこととなると取り乱してしまう。それほどまでに妊娠とはデリケートで切実な問題であることを、このとき改めて考えさせられました。知識が豊富な医者ですら取り乱すのですから、一般の方々の焦りや不安はもっと大きいことでしょう。

最終的に彼女は不妊治療を選択し、しばらくして幸いにも妊娠することができました。しかし、お金と時間だけでなく気力も体力も必要で、男性側の積極的な協力も不可欠な不妊治療へと進むには、それなりの覚悟と勇気が必要です。不妊治療の前に自分でできることがあるならば、努力は惜しまない。そう考える人も少なくないでしょう。

これから紹介していく「妊娠のためにできること」は、どれも当たり前に思えることばかりかもしれませんが、なぜそうする必要があるのかを知り、妊娠力アップの第一歩だと考えて、生活改善に取り組んでいただきたいと思います。

35歳からの妊娠力の鍛え方①――自分の体を知る

真っ先に行いたいのが、〝自分は妊娠できる体かどうかを知る〟ことです。高齢出産はそれだけでリスクのひとつに挙げられます。妊娠前に自分の体をチェックすることで自分の状態を知り、より理解を深めることができます。

＊ブライダルチェックを受ける

ブライダルチェックという名称ですが、結婚前の女性だけではなく、妊娠を希望している方を含めたすべての女性が受けられます。〝今すぐに妊娠して差し支えない体なのか〟を調べます。セット料金で検査項目が決まっているところもあれば、医師と相談しながら検査項目を決められる病院もあり、形態はさまざまです。まずは、ホームページで確認してから、直接、電話で問い合わせてみましょう。

主な検査項目

基礎体温診断

基礎体温をつけている人は、ぜひ持参しましょう。後ほど詳しく説明しますが、基礎体温はその人のホルモンの状態がひと目でわかる、重要な資料となります。

経膣超音波

専用の器具（プローブ）を膣から挿入し、子宮や卵巣の状態を診ます。主に、子宮筋腫、卵巣腫瘍の有無を診るのが目的です。また、子宮や膣に奇形（双角子宮※、膣中隔※など）がないかを調べます。

子宮筋腫のできている場所、子宮の奇形の程度によっては、着床障害など

※**双角子宮**
子宮の上部がハート形になっていること。双角子宮そのものが不妊の原因になることは少ないが、流産の原因になる場合がある。

※**膣中隔**
子宮が隔てられ、2つになっていること。逆子になる場合もある。

が起こりやすいなど、不妊の原因になることがあります。また、流産や早産の可能性が高まるともいわれていますので、早期にチェックして、筋腫がある場合は医師の指示に従い、継続して診断を受けましょう。

血液検査

性感染症の有無、HIV、肝炎、ヒトT細胞白血病ウイルス、風疹抗体価、血糖値、そして、一般的な健康診断である貧血、肝機能、腎機能などを調べます。

HIVや肝炎、ヒトT細胞白血病ウイルスが陽性の場合、産道感染、母体感染で赤ちゃんに感染する可能性があります。風疹抗体価は、過去に風疹にかかったかどうかを調べるもので、妊娠初期に感染すると赤ちゃんに先天性風疹症候群※が起こる場合があります。風疹の抗体がない場合は、妊娠前に予防接種をしておくと安心です。また、血糖値を調べるのは、糖尿病のまま妊娠をすると赤ちゃんが奇形、巨大児になるなどのリスクがあるからです。

子宮頸がん検査、子宮体がん検査

※**先天性風疹症候群**　妊娠4週目までに感染すると50％の確率で先天性異常が起こるといわれている。20週目以降はほとんど影響がない。

子宮頸がん検査は子宮の入り口（頸部）にできるがんの有無を、子宮体がん検査では子宮内膜にできるがんの有無を検査します。妊娠後にがんがあることがわかれば、ハイリスクとなることはいうまでもありません。がんの進行度合によっては、妊娠の継続をあきらめ、子宮を摘出しなければならない場合も出てきます。

性感染症（ＳＴＤ）の検査

性器クラミジア感染症は自覚症状がない場合がほとんどですが、クラミジアによる卵管炎が不妊症や流産の原因になることがあるため、クラミジアの検査を行います。

＊基礎体温表をつける

毎日の体温を記した基礎体温表は、排卵がきちんと行われているか、ホルモンバランスは乱れていないかなど、ホルモン状態を知るのに最適なデータとなります。

しかし、多くの女性は、月経や月経周期に関して、〝なんとなくの知識〟しか持ち合わせていないようです。基礎体温表を有効活用するために、まずは月経周期とホルモンの関係についておさらいしましょう。

＊基礎体温表を読み解くための知識

女性の体には大きく分けて、月経開始日～排卵日までの低温期が約2週間、排卵後～次の月経開始までの高温期が約2週間あります。低温期には卵子を成熟させるエストロゲン※（卵胞ホルモン）が優位になり、排卵をすると子宮内膜が厚くなり、着床に備えるプロゲステロン※（黄体ホルモン）が優位になります。プロゲステロンには体温を上昇させる作用があるため、この時期を高温期と呼び、その前の約2週間を低温期と呼びます。この着床しなかった子宮内膜が流れ出したのが月経です。

エストロゲンとプロゲステロンの分泌量が変わることで、月経周期（平均28～32日）が成立しています。よく、「不規則な生活をしているとホルモン

※**エストロゲン**
いわゆる女性ホルモンのこと。女性らしい体つきを促進するホルモン。

※**プロゲステロン**
出産までの間、妊娠を継続させる役目を果たすホルモン。

バランスが乱れる」といわれますが、ホルモンバランスの乱れとは、エストロゲンとプロゲステロンの分泌量が入れ替わるサイクルに乱れが生じている、ということです。その結果、月経が遅れたり早まったり、無排卵月経※といった状況を引き起こします。

現在では、「ホルモンバランスが乱れる」という言葉ばかりがひとり歩きし、聞き慣れたフレーズになってしまったためにあまり注意を向けない人も多いでしょうが、実際は、このホルモンバランスこそが女性の1カ月の体調や気持ちの変化を司っています。

	低温期（卵胞期）	高温期（黄体期）
期間	月経開始日～ 排卵日まで	排卵後～次の月経 開始日の前日まで
日数	月経周期により異なるが、 平均 14 ～ 18 日※	14 ～ 16 日
優位になる ホルモン	エストロゲン （卵胞ホルモン）	プロゲステロン （黄体ホルモン）

※月経周期に関係なく、高温期は 14 ～ 16 日でほぼ一定しているので、月経周期から 14 ～ 16 を引いた日数が低温期の目安です。

※**無排卵月経**
月経はあるが、遺伝的要因やストレスなどで排卵が起こらない場合を無排卵月経と呼ぶ。排卵がなければ妊娠には至らない。

＊基礎体温表をつける準備――用意するもの

婦人体温計

低温期・高温期といいますが、その差はわずか0・3〜0・5度の範囲です。基礎体温をつけるには、0・05度きざみの婦人体温計を使用します。

デジタル表示の婦人体温計、半年分程度の記録機能がついた電子婦人体温計など、薬局では何種類かの婦人体温計が販売されています。

基礎体温表

購入した婦人体温計には基礎体温表がついているので、これを使うか、または製薬会社のサイトからダウンロードもできます。また、薬局でも販売されています。※

＊**基礎体温の測り方**

①目を覚ました直後、体を動かす前　②毎朝、決まった時間　③舌下で測る　④睡眠は4〜5時間以上とる　⑤最低3カ月は記録し続ける

※記録機能のついた電子婦人体温計の場合、データを残す方法については、その機種の説明書を参考にしてください。

以上の5つが基礎体温を測る際の基本です。

体温とはとても微妙なもので、体を起こすだけでも上昇します。そのため、起きたらすぐに測るのが理想的なのですが、数日続けるうちに、〝目覚めたらすぐ体温計を口にくわえる〟ことが習慣になるでしょうから、それほど神経質になる必要はありません。少し伸びをしたくらいは気にせず、体温を測るようにしてください。また、注意点としては、飲酒した翌朝や寝不足のときは高温になる傾向があるので、そういうときはメモ欄に、「3時間」とか「お酒」など、自分がわかる程度の言葉でいいので記入しておくことをおすすめします。

＊基礎体温表の見方

低温期の最後には、さらに一段体温が低くなり、その後、体温は上昇に向かいます。排卵はこのガクンと体温が下がった前後2日くらいの間に起こります（個人差があるので、日を特定するのは難しい）。排卵後の体温の上昇が緩やかでも急上昇しても、基礎体温が低温期と高温期の二相にわかれていれば、きちんと排卵が行われていると思っていいでしょう（図１）。ただし、高温期に転じたはずなのに体温が上がりきらず、低温期と高温期の差があいまいな場合（図２）や、高温期が10日未満の場合（図３）には黄体機能不全が疑われ、着床した受精卵が育ちにくい環境になっていることも考えられるので、早めに婦人科にかかることをおすすめします。また、高温期がなく、低温期がずっと続くようであれば、無排卵月経が疑われるので、やはり、婦人科で検査をするほうがいいでしょう。

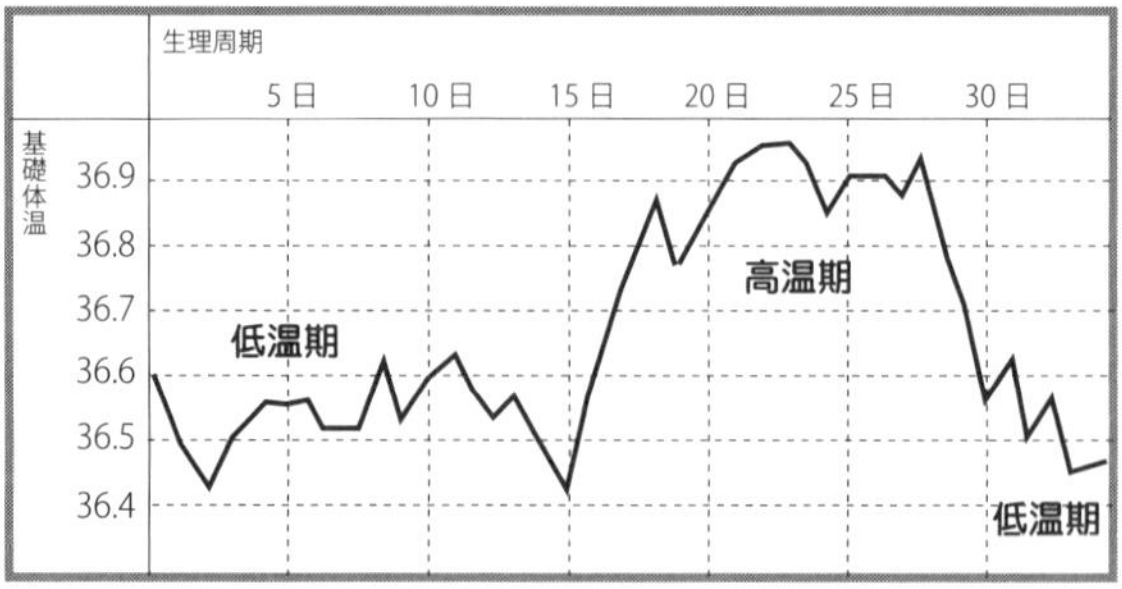

図１　グラフが低温期と高温期の二相にわかれているのが理想的。多少のジグザグがあっても二相にわかれていれば問題はない。

大きなストレスを受けたときなどには、ホルモンバランスが崩れるので、3カ月は基礎体温表をつけてから判断しましょう。

図２　高温期の体温が安定せず低温期との境界があいまいな場合や、高温期が10日未満の場合には黄体機能不全が疑われる。

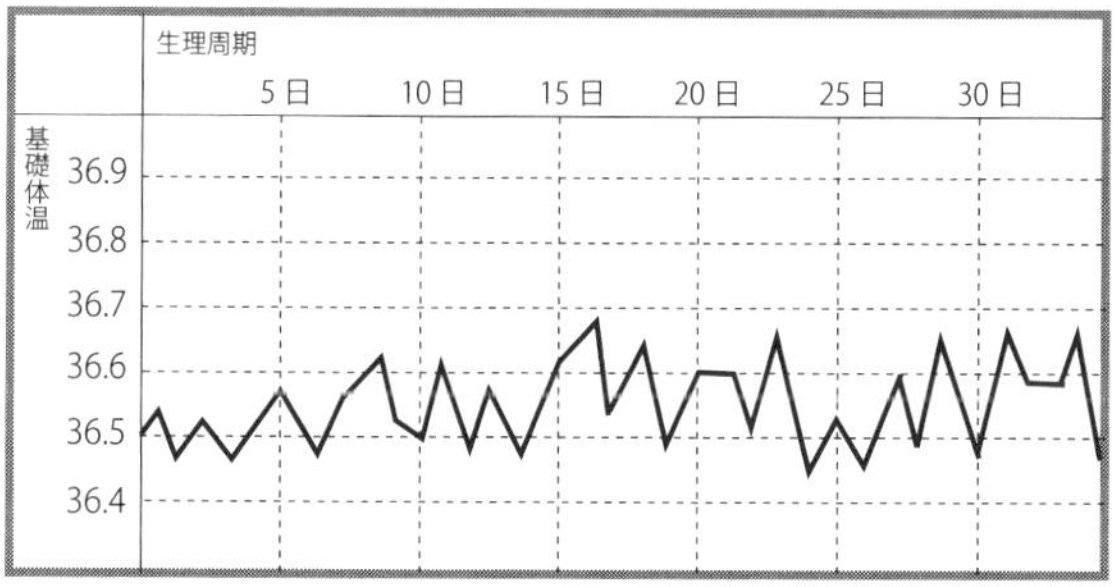

図３　毎月、決まった周期で月経があったとしても、グラフのように高温期がない場合には、無排卵月経の可能性がある。

35歳からの妊娠力の鍛え方②——生活習慣を変える

35歳以上の女性が妊娠を望む場合、何よりもまず、卵子の発育をよくすることが大切です。卵子の鮮度は受精のしやすさにも直結しますし、たとえ受精できたとしても、元気のない卵子では流産の可能性が高くなってしまいます。卵巣や卵子にとって、良い生活環境とは、美容や健康にとっても良い生活とリンクします。まずは健康維持を目標に、ゆっくり取り組んでみましょう。

＊冷えを改善する

冷えは万病のもとといいますが、まさしくその通り。汗かきの方は、自分は冷えとは無関係と思ってしまいがちですが、隠れ肥満ならぬ〝隠れ冷え性〟の女性は案外多いので注意が必要です。

冷えとはつまり、末端まで血行が行きわたらない血行障害のこと。血行が悪くなると卵巣にも十分な血液が行きわたらなくなり、働きが弱くなってしまいます。そして、卵巣の働きが弱くなると、排卵後に体温を上げるプロゲステロンの分泌も低下し、さらに体温が低くなるという負のスパイラルに陥ってしまうことも考えられます。

血行をよくするのに大切なのは、歩くこと。よくいわれることですが、エレベーターを階段にする、駅までを自転車ではなく徒歩にするといったことでも、運動効果は得られます。さらに、毎日の入浴やマッサージなども効果的です。

真夏でも冷房対策に何か羽織れるものを用意しておいたり、冬ならスカートの下に腹巻きや防寒効果のあるパンツをはくなど、体を冷やさない工夫をしましょう。

＊喫煙の習慣を改める

冷えの話ともつながりますが、タバコを吸うと毛細血管の血流が悪くなり、体の末端まで十分な血液が行かなくなります。その結果、冷えを招きます。

　また、妊娠中はタバコに含まれる有害物質が胎児にも悪影響を与えます。妊娠中に喫煙を続けると、低体重児は4倍、早産は6倍の確率で起こるというデータもあります。しかし、妊娠がわかったら急に禁煙、ではよけいにストレスをためてしまいます。今から徐々に、禁煙とはいかなくても、節煙の習慣を身につけておくといいでしょう。

＊油抜きダイエットは禁止

　エストロゲンとプロゲステロンの原料となるのはコレステロール。つまり、油です。植物油には血中のコレステロールを管理する働きがあるため、油の摂取を極端に控えた生活では、女性ホルモンのバランスが整いにくくなってしまいます。

　動物性脂肪を摂取しすぎると血液がドロドロになることが指摘されていますので、脂身の少ない赤身肉などを摂取するといいでしょう。

＊ストレスのない生活を心がける

月経の周期は、エストロゲンとプロゲステロンの分泌量の変化によって起こるという説明をしましたが、この分泌量を調整する指令役ともいえるのが脳の中の間脳という部分です。ストレスを受けると間脳に影響を与え、その結果、指令にも狂いが生じてホルモンバランスを崩す要因となります。

職場での人間関係がもっとも大きなストレスで、退職した数カ月後に妊娠をしたという女性もいます。退職の決断をするのは容易ではありませんが、自分にとっての最大のストレスは何かを考え、そのストレスを回避する方法を模索することが大切です。

＊12時にはベッドに入るようにする

美容に興味のある方ならご存知だと思いますが、成長ホルモンの分泌がもっとも活発になる夜10時～深夜2時の間は女性にとっての〝ゴールデンタイム〟。成長ホルモンは別名・修復ホルモンとも呼ばれるように、体のさまざまな機能を回復させ、正しく機能させる役割を担っています。そのため、この時間内で少なくとも2時間は睡眠を取るようにするだけで、体調やお肌の調子が変わるといいます。普段の生活が不規則な人はこの機会に見直してみてはいかがでしょう。

35歳からの妊娠力の鍛え方③――食習慣を見直す

老化を促す活性酸素の働きを抑え、抗酸化成分のすぐれた食品を多く摂取することで、ある程度、子宮や卵巣の老化のスピードを遅らせることができるでしょう。また、生活習慣で挙げた冷え対策のためにも、食習慣を見直すことが重要です。

卵子も細胞ならば、人間の肉体を構成しているのも細胞です。その細胞は、今日口にした食べ物からつくられます。そして、体の隅々まで栄養素を運ぶ血液もまた、食べ物がもとになっているのです。

＊抗酸化作用のある食物をバランスよく食べる

老化の原因といわれる活性酸素を排除するためには、抗酸化作用に優れた食べ物が欠かせません。まず、抗酸化作用のある栄養素として広く知られているものに、〈ビタミンC、ビタミンE、βカロチン、ポリフェノール〉などがあります。これらが多く含まれるのは、緑黄色野菜や果物。加熱によって失われてしまう栄養素も多いので、いつもの食事にサラダや果物をプラスする食習慣を身につけましょう。果物はジュースにして飲むのもいいでしょう。

＊葉酸が多く含まれる食べ物を意識的に摂る

葉酸は細胞の増殖に重要な働きをする水溶性ビタミンB群のひとつで、ほうれん草やブロッコリーなどに多く含まれている栄養素です。妊娠を希望する女性には欠かせない栄養素ですので、積極的に摂りましょう。

２０００年に旧厚生省が「妊娠１カ月以上前から妊娠３カ月までの間に、

1日0・4ミリグラムの葉酸を摂取することにより、胎児神経管閉鎖障害（二分脊椎、無脳症など）の約70％の予防効果がみられる」として、葉酸の摂取を推奨しています。食品からの摂取が難しい場合は、サプリメントの服用も視野に入れて考えましょう。

葉酸が多く含まれる食品の一例

ほうれん草、ブロッコリー、アスパラガス、さつまいも、アボカド、白菜、チンゲン菜、大豆（乾）、納豆、調整豆乳、いちご、オレンジ、マンゴー、パパイヤ（完熟）など。

＊体を冷やす食品を控える

体を冷やす食品で、日常でよく口にする代表的なものを挙げてみましょう。

精製された砂糖

ケーキやアイスクリーム、缶コーヒーやジュースなど、〝目には見えない砂糖〟の大量摂取に注意が必要です。料理には白砂糖ではなく、黒砂糖、てんさい糖、蜂蜜などを使うといいでしょう。

コーヒー

コーヒーに限らず、緑茶、ココア、コーラなど、カフェインの強い飲み物は、たとえホットで飲んだとしても体を冷やす作用があるので、あまり飲みすぎないように気をつけましょう。

ビール

ビールの原料である麦は利尿作用を高め、尿とともに熱も排出してしまいます。夏に麦茶やビールを飲むのは理にかなっていますが、飲みすぎは禁物です。

＊体を温める食事を意識する

体を温める作用のある食品を毎日の食事に摂り入れていくことが、慢性的な冷え性の改善にもつながります。

薬味系の食品

しょうが、にんにく、ネギ、シソ、パセリなど、刺身や生肉などに添えられることの多い食品には、体を温める作用があります。

根菜類

ごぼう、にんじん、大根、れんこん、山芋など。

＊良質な油を選ぶ

60ページでも少しお話ししましたが、妊娠・出産とは切っても切れない関係のホルモンは油から作られています。〝質のいいホルモンは、良質な油から生まれる〟ことをしっかり覚えておいてください。ひと口に油といっても、バターやラードなどの飽和脂肪酸、主に植物が原材料の不飽和脂肪酸などさまざまな種類があります。おすすめできる油は、植物が原料の亜麻仁油（フラックスシードオイル）、シソ油、グリーンナッツオイル、えごま油、コーン油、ひまわり油、ごま油、アーモンド油、オリーブオイル、菜種油（キャノーラ油）、紅花油（サフラワー油）などです。

不妊治療の基礎知識

＊いつから始める？　何から始める？

　不妊症の定義は、特定のパートナーと避妊なしでの性行為があり、２年間妊娠しない場合とされています。しかし、大きな月経トラブルもなく、パートナーとの関係も良好なのに半年過ぎても妊娠の兆候がない場合、「もしかして、不妊では？」と不安な気持ちにかられる人も少なくありません。「また今月も妊娠できなかった……」、「私は妊娠できない体なのかも……」などと落ち込んで悩んでしまうようなら、検査を受けるのも選択肢のひとつだと思います。

　女性が受けるのは「子宮卵管造影検査」といい、子宮内に入れた造影剤が卵管を通過するかをモニターでチェックします。卵管の通りが悪いということは、受精卵が通過しにくいことを意味し、妊娠しにくいと考えられます。この検査は自分の体を知るという点でメリットがありますが、検査時に痛みを伴う場合があるなどのデメリットもあります。

子宮卵管造影検査を行うメリット

・妊娠できる体かどうかの判断材料になり、不安が解消される
・検査後、卵管の通りが改善される場合が多く見られ、検査後3カ月は妊娠率が上がるとされている

子宮卵管造影検査を行うデメリット

・検査時に月経痛と同程度かそれ以上の痛みを伴う場合がある
・検査費用が数万円と高額である
・設備が大がかりなため、検査を受けられる場所が限られる

男性が受ける「精液検査」は、文字通り、精液の状態を調べるものです。まずは一般精液検査で精子濃度・運動率・精子奇形率・白血球数を調べ、ここで問題があるようなら、さらに詳しく精子機能検査を受けることになります。

不妊検査の種類

＊フーナーテスト／ヒューナーテスト

性交後、精子がきちんと子宮まで到達できているかを検査します。検査の12時間前まで（前日の夜か当日の朝）に性交渉を行い、病院で針のない注射器を用いて子宮頚管粘液、膣内粘液、子宮内液を採取し、精子の状態を顕微鏡で調べます。この検査で、精子が見つからなかったり、運動していない状態の場合、無精子症が疑われるほか、精子の動きを止めてしまう抗精子抗体の有無、不妊の原因のひとつと考えられる子宮頸管炎※にかかっているかなどの検査が必要になります。

＊ホルモン検査

排卵機能や子宮に着床の妨げになりそうなものがないかを調べる血液検査です。高温期や生理中にしか採血できない検査があるため、何回かの通院が必要です。検査結果が出揃うまでに時間がかかります。

＊時期を問わず行える検査

テストステロン（男性ホルモン）

・副腎や卵巣から分泌されるホルモンで、場合によっては多嚢胞性卵巣（排卵障害）の原因となる

プロラクチン（乳汁分泌ホルモン）

※子宮頸管炎
膿みが混じっていたり、粘液性のあるおりものの増量が特徴的。

・本来は妊娠中や授乳中に放出されるホルモンで、妊娠していない女性が高値になると正常な排卵が行われなくなる可能性がある。妊娠しておらず、プロラクチンが大量に分泌されている場合を高プロラクチン血症※という

クラミジア

・性行為感染症で卵管閉塞などの症状を引き起こす原因になる

＊高温期に受ける検査

プロゲステロン（黄体ホルモン）

・高温期を維持させるホルモンで、このホルモンの作用により子宮内膜が厚くなり、受精卵が着床しやすい環境を整える。つまり、プロゲステロンの値が低いと妊娠しにくい環境になりやすく、黄体機能不全が疑われる場合もある

エストロゲン（卵胞ホルモン）

・卵胞の発育に関わり、子宮内膜を厚くして妊娠しやすい環境を整える役目

※**高プロラクチン血症**
頭痛や吐き気、めまいという症状の他に、視野の狭窄が起こる場合がある。

を持つ

＊生理中に受ける検査

ＬＨ（黄体形成ホルモン）

・卵胞の発育や排卵を促すホルモン。ＦＳＨ（卵巣刺激ホルモン）が低めでＬＨが高めだと多囊胞性卵巣症候群が疑われる

ＦＳＨ

・卵巣を刺激して卵胞の発育を促すホルモン。この値が高いと早発性卵巣機能不全（早発閉経とも呼ばれる）が疑われる

不妊治療のステップ

＊よく考えてから受けるかどうかを決めましょう

不妊治療と聞くと体外受精や人工授精をイメージする人も多いですが、まずは、これまでに紹介した検査をしてから治療方針を立てていくのが一般的です。また、なかなか妊娠しないカップルでも、検査の結果は男女ともに正常である場合も多いといいます。その場合、最初にすすめられるのが「タイミング法」で、経膣超音波検査で卵胞のサイズをチェックし、排卵の時期を予測して性交渉のタイミングを計ります。体への負担がないのはメリットですが、排卵前に何度かクリニックを訪れる必要があり、時間的、経済的負担がかかることがデメリットといえそうです。

タイミング法を試しても妊娠しない場合、「人工授精」へと不妊治療をステップアップするかどうかを判断します。人工授精とは、採取した精液から質のよい精液を選び、直接子宮へと送り込む方法です。男性側の精子の運動率が低かったり数が少ない場合や、女性側に抗精子抗体がある、または頚管粘液が少ない場合などには、最初から人工授精をすすめられる場合もあります。費用は数万円で、1回の成功率は5％未満というデータもあります。

人工受精を何度か行ってもいい結果が得られない場合、さらにステップアップをして、高度生殖医療である「体外受精」という選択肢が考えられます。採取した卵子と精子を受精させ、その受精卵を子宮に戻す方法で、卵管閉塞で妊娠ができない人や、原因不明の不妊に悩む人にも妊娠の可能性が生まれます。しかし、費用は数十万円かかり、1回の成功率は20～25％といわれています。

3章

妊娠生活を楽しむ――

仕事と両立できるの？

妊娠しても仕事を続けたいなら、独身時代と同じではいられません。お腹の子どもと楽しく過ごすためにできること――。

妊娠から出産まで、長くて短い10カ月

＊妊婦生活を楽しむために

妊娠による体の変化はとても大きく、「人生最大の変化」だと感じる人も少なくないでしょう。しかし、お腹の中の赤ちゃんは、日々、お母さん以上に劇的な変化を遂げています。ここでは、胎児と生まれてからの成長がもっとも著しい1歳までの乳児、そして妊婦さんそれぞれの成長度合いを数字で表してみます。

赤ちゃんの成長はとても早く、「日に日に大きくなっている」という表現がぴったりです。生命誕生の始まりである受精卵の大きさはわずか1ミリ程

妊娠7週頃の胎芽〜出生時まで		
身長	妊娠7週頃の胎芽 2cm→出生時 50cm※	25倍
体重	妊娠7週頃の胎芽 4g→出生時 3000g	約2.7倍
出生時〜1歳		
身長	出生時 50cm→1歳 75cm	750倍
体重	出生時 3000g→1歳 8000g	1.5倍
♡妊婦さんの場合		
ウエスト	妊娠前 65cm→37週頃 95cm	約1.5倍
体重	妊娠前 55kg→37週頃 65kg	約1.2倍

※受精卵（約1mm）からなら500倍
※※平均的な数字を用いて算出しています。

度。それがたった7週間で2センチに育ち、その1週間後には、頭と胴体、手足がはっきりとした人間らしい姿にまで成長します。それと前後するように、お母さんはつわりの始まる時期を迎えます（つわりの程度や感じ方には個人差があるため、この時期につわりを感じなくても異常ではありません）。

何の知識もないまま過ごしていると、つわりがつらくて「なぜ自分だけこんなにつらい思いをしなきゃいけないの！」と思うかも知れません。でも、赤ちゃんの成長過程を少しでも知っていれば、「お腹の中ではこれだけ急ピッチで赤ちゃんが成長しているのだから、自分の体に何の変化もないほうが不自然ね」と、つらいながらも前向きな気持ちで向き合えるようになるはずです。妊娠は人生で幾度とない貴重な体験ですから、その期間を思いっきり楽しみましょう。

外来で妊婦さんたちと接していると、自ら不安の種を見つけては、毎週のようにやってきて「先生、これって大丈夫でしょうか?」と聞いてくる方がいらっしゃいます。不安なまま日々を過ごすより、早めに不安を取り除いたほうがいいのは事実ですが、たいていの場合、少し知識を持っていれば疑問にもならない内容がほとんどです。診察は無料ではありませんから、時間もお金ももったいないなぁと思うことがあります。また、「先生はこの間こういっていたけど、母(または祖母)にこういわれたのですが……」と相談を受けることもあります。妊娠・出産を経験した方たちは、善意からたくさんのアドバイスをしてくれます。けれど、〝常識〟は時代とともにどんどん変わっていきます。

35歳前後の方の母親世代では、赤ちゃんのためにたくさん食べなさいといわれましたが、無理をしてまで食べる必要はまったくなく、現在では、妊娠中に理想とされる体重増加量を医師から示されます。さまざまな意見・情報を自分で取捨選択できるようになるために、この章で詳しく説明していきましょう。

＊お産ができる場所は大きく分けて3つ

ここ数年で、お産をめぐる環境は変わってきています。大都市や地方に関係なく、医療訴訟やハイリスク妊娠分娩の増加で、産科医不足が起こっています。大学病院から産科がなくなり、お産を取り扱わない個人病院が増え、産む場所はどんどん少なくなっています。今では、妊娠を確認できたらすぐにお産をする場所を予約しなくてはいけない時代になってしまいました。

とはいえ、明るい話題がないわけではありません。２００９年末には、厚生労働省の調査により、婦人科と産科に従事する医師の数が10年ぶりに増加したことが報じられました。とはいっても、1~2年の間に産科医不足が解消されるわけではないので、もうしばらくは、産む場所を早めに押さえる時代が続くでしょう。

妊娠と同時に産む場所について考える。これは、なかなか骨の折れる作業です。かかりつけの産婦人科があれば相談することもできますが、そうでない場合はどういうお産がしたいかを考え、自分で探さなければなりません。やはりいまの時代であれば、インターネットの口コミが参考になるでしょうか。あるいは、自分の望むお産のスタイルを考えるのもよい方法です。「とにかく設備の整っているところで安心して産みたい」という人と、「アットホームな雰囲気の中でゆったりした気分で出産したい」という人とでは、選ぶ場所に違いがあって当然です。自分のイメージに近い場所を選ぶために、まずは、どういうところでお産ができるのかを知る必要があります。お産を扱っている場所には、大きく分けて以下の3つがあります。

大学病院、総合病院

最新の設備が整っていて、高度な医療を受けられるのが大学病院の大きな特徴です。総合病院はベッド数が100床以上あり、大学病院同様に産婦人科以外の診療科があります。いずれの施設でも他科との連携が取れるため、リスクのある妊婦さんも安心してかかれます。最近は助産師外来を設ける病院が増加傾向にあり、助産師の介助で自由なお産ができる上、何かあった場合にはすぐに医療介入できるのは大きなメリットです。

大学病院や総合病院には周産期医療センター※の指定を受けているところが多く、MFICU（母体・胎児集中治療室）、NICU※（新生児集中治療室）が併設されている場合には、出産後の万が一のトラブルにも迅速な対応が可能です。

ただし近年では、産科を廃止している病院があったり、紹介状なしでは受け入れてもらえない病院もあるため、十分な下調べが必要です。

規模の大きな病院では「待ち時間が長く、診療時間が短い」という不満の

※周産期医療センター
総合と地域の2種類があり、総合周産期母子医療センターにはMFICUとNICUの両方があり、地域周産期医療センターにはNICUまたはそれに準ずる施設がある。

※NICU
早生児や低出生体重児、何らかの疾患がある新生児を集中的に治療する部門のこと。

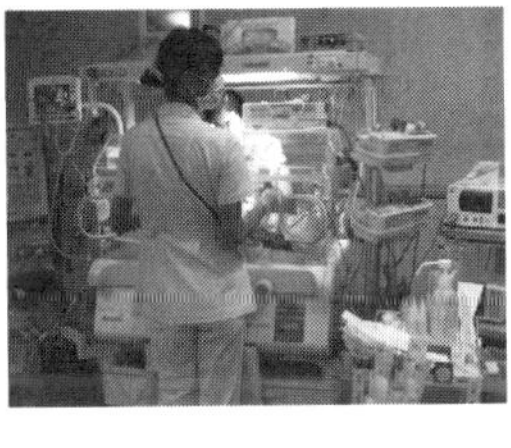

声や「分娩時に大勢の研修医や学生がいて落ち着かなかった」などの声を聞くことがあります。

産婦人科専門病院・産婦人科医院（診療所、クリニック）

ベッド数が20床以上ある施設を病院と呼び、19床以下の施設を医院、診療所、クリニックと呼びます。クリニックや医院などは規模が大きくない分、それぞれに特色を出しています。ゆったりとした個室が人気のところや、病院食とは思えない豪華な食事が売りのところ、ホテルのような入院生活ができるところもあります。同じ建物の中で母親学級やマタニティヨガ教室、出産後のベビーマッサージ教室を開催しているところもあり、産前産後のケアが行き届いているのも初産の妊婦さんには安心できる要素です。小規模のところが多いため、妊婦健診の間に医師や看護師と親しくなり、アットホームな雰囲気の中で分娩に臨めるところもあるようです。

ただし、医院やクリニックの場合、医師がひとりしかいない場合があります。夜間や休日の対応を確認しておきましょう。

助産院

助産師の介助によりお産をする施設です。助産院で扱えるのは正常経過の妊婦さんだけなので、リスクがあると診断されれば、助産院での出産はできないと考えたほうがいいでしょう。また、分娩中にトラブルが生じた場合は、病院に搬送されます。助産院を決める際には、提携する病院のチェックを怠らないようにしましょう。

＊お産のとき、何を優先させるか考える

病院の種類から自分に合う出産場所を絞り込んでいく方法もありますが、産みたい方法から病院を探すやり方もあります。たとえば、陣痛（Labor）から分娩（Delivery）、回復（Recovery）までを同じ部屋で行えるＬＤＲ分娩台のあるところ、分娩台を使用せず畳の上などで自由なポーズでお産するフリースタイル出産、お湯につかってお産する水中出産など、近年では分娩のスタイルもさまざまです。妊娠の経過によっては、希望するお産にならない可能性もありますが、何も最初からあきらめることはありません。お産は一生に幾度とないことですから、自分らしいお産を模索してみましょう。また、無痛分娩を希望される方もいますが、日本では無痛分娩を扱っている病医院は限られます。

以前、ホテルライクなクリニックで出産予定だった女性が妊娠高血圧症候群になってしまい、私の勤務する病院に入院することになりました。すると彼女は「私はこんな病院で産みたくない!」とシクシク泣き続けるのです。「でも、赤ちゃんの命が大切じゃない?」と聞くと、「もちろん!」と即答するのですが、「でもやっぱり、ここで産むのは嫌。大部屋なのも我慢ならない」と抗議を続けます。けれど、彼女のかかっていたクリニックでは処置できない症状でしたので、無事に赤ちゃんを産むにはこの病院にいることが最善の選択なのです。彼女が現実を受け入れるまでに、それから2~3日はかかっ

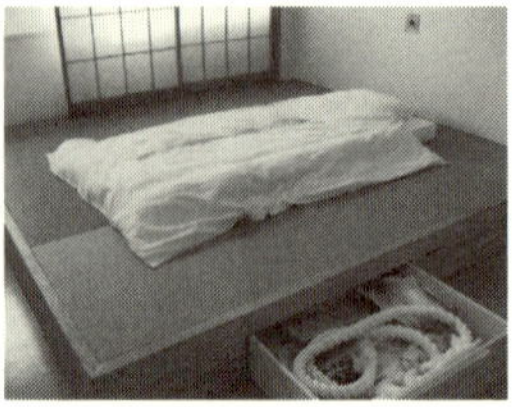

葛飾赤十字産院では助産師外来を設置している。写真は分娩室。

たと記憶しています。

出産にはいろいろな出来事がつきものです。一生懸命に探し当てた病医院で分娩の予約ができたとしても、妊娠経過によっては思い通りにならないこともあるのです。

おおらかな気持ちで妊婦ライフを過ごすための知恵

＊妊娠の初期症状

妊娠をしているかも……と気づくのは、月経の遅れが一般的です。基礎体温をつけている方なら、普段の高温期の日数＋2日間（16〜18日）以上高温期が続くようなら妊娠の可能性が高いと考えていいでしょう。体温も普段より0・5〜1度ほど高めになるので、人によっては、いつもは冷えてしかたないのに体がぽかぽかする、寝汗をよくかくといった症状を感じるかもしれません。他にも、日中でも強い眠気を感じる、食欲が減退または増進する、強い胸の張りがある、月経前のような腰痛や腹痛を感じるという人もいれば、普段と何も変わらないという人、あるいは、普段はPMS（月経前症候群）に悩まされるのにいつもより体調がよかったという人までいて、妊娠の初期症状はさまざまです。

いずれにしても、妊娠の可能性に心当たりがある人は、月経が遅れている時点で市販薬を含めた薬の服用を控え、持病のある方はすぐに担当医に相談しましょう。同時に、アルコールの摂取、喫煙も控えるようにします。

＊産婦人科を受診するタイミング

予定日から1週間過ぎても月経が開始しない場合、最初から産婦人科を訪れてもいいですし、市販の妊娠判定薬を使ってみるのもいいと思います。いずれにしても月経周期が安定している方なら妊娠の可能性が高いと考えられますので、早めに産婦人科を受診しましょう。「月経予定日1週間後に受診したけど胎嚢しか見えず、心拍を確認するのに2週間後にまた病院に行く羽目になった。だったら最初から、その頃に受診すればよかった」という方がたまにいます。ご本人としては二度手間のように感じるのでしょうが、もし、卵管などに着床してしまう子宮外妊娠だった場合、そのまま受精卵がどんどん育つと卵管が破裂する危険性があります。まずは正常妊娠かどうかを確認するためにも、早めの受診をおすすめします。

＊妊娠週数の数え方

一般的には、「いま、妊娠3カ月です」などと、月数に換算してわかりやすく話すことが多いですが、実際には「12週3日」というように、週数＋日数で表します。成長の早い赤ちゃんをしっかり見守っていくためには、細かく数字を出さなければなりません。

さて、その週数の数え方ですが、精子と卵子が出会って受精した日を1日日と数えるのではなく、月経周期に合わせて数えます。妊娠週数は、最後の月経が始まった日を0週0日として数え、月経周期が28日の人であれば、受精した日がおよそ2週0日、次の月経開始予定日が3週6日。月経が1週間遅れて妊娠が判定できる頃には、4週6日という計算になります。つまり、妊娠がわかったときにはすでに、妊娠2カ月目に突入しているということになります。

排卵のタイミングはちょっとした体調の変化やストレスなどによって、数日ほど前後することはよくあります。自分では5週目に入ったところで産婦人科を受診したつもりでも、実際には排卵が遅れていて、思っていたより少ない週数と診断されることももちろんあります。それを知っていれば、知識としては十分です。

また、特に妊娠初期は週数を確定するのが難しい、という要素もあります。そもそも妊娠週数は、経腟超音波で子宮をモニターに映し出し、そこに映った胎嚢の幅をチェックすることで導き出します。角度によって見え方が微妙に変わり、胎嚢が小さめに映し出されることもありますし、成長の速度が速い初期では、昨日と今日で胎嚢の大きさが数ミリ違うこともままあります。

そういった理由から、初期の頃では、受診するたびに妊娠週数がちょっとずつ変わってくるのが普通だと思ってください。そして、週数を基準として計算する出産予定日も、また、7～8週頃になるまでは、〝予定日の目安〟くらいの気持ちでいてください。

妊娠週数カレンダー（月経周期が28日の場合）

月	1日 最終月経の第一日目 →	2日	3日	4日	5日	6日	7日
週	0週0日						
月	8日	9日	10日	11日	12日	13日	14日 ←
週	1週0日						
月	15日 排卵日＆受精 →	16日	17日	18日	19日	20日	21日 ←
週	2週0日						
月	22日 着床 →	23日	24日	25日	26日	27日	28日 月経開始予定日
週	3週0日						3週6日
月	29日	30日	1日	2日	3日	4日	5日 妊娠判定可能日
週	4週0日						4週6日

お腹の中の赤ちゃんの成長の様子

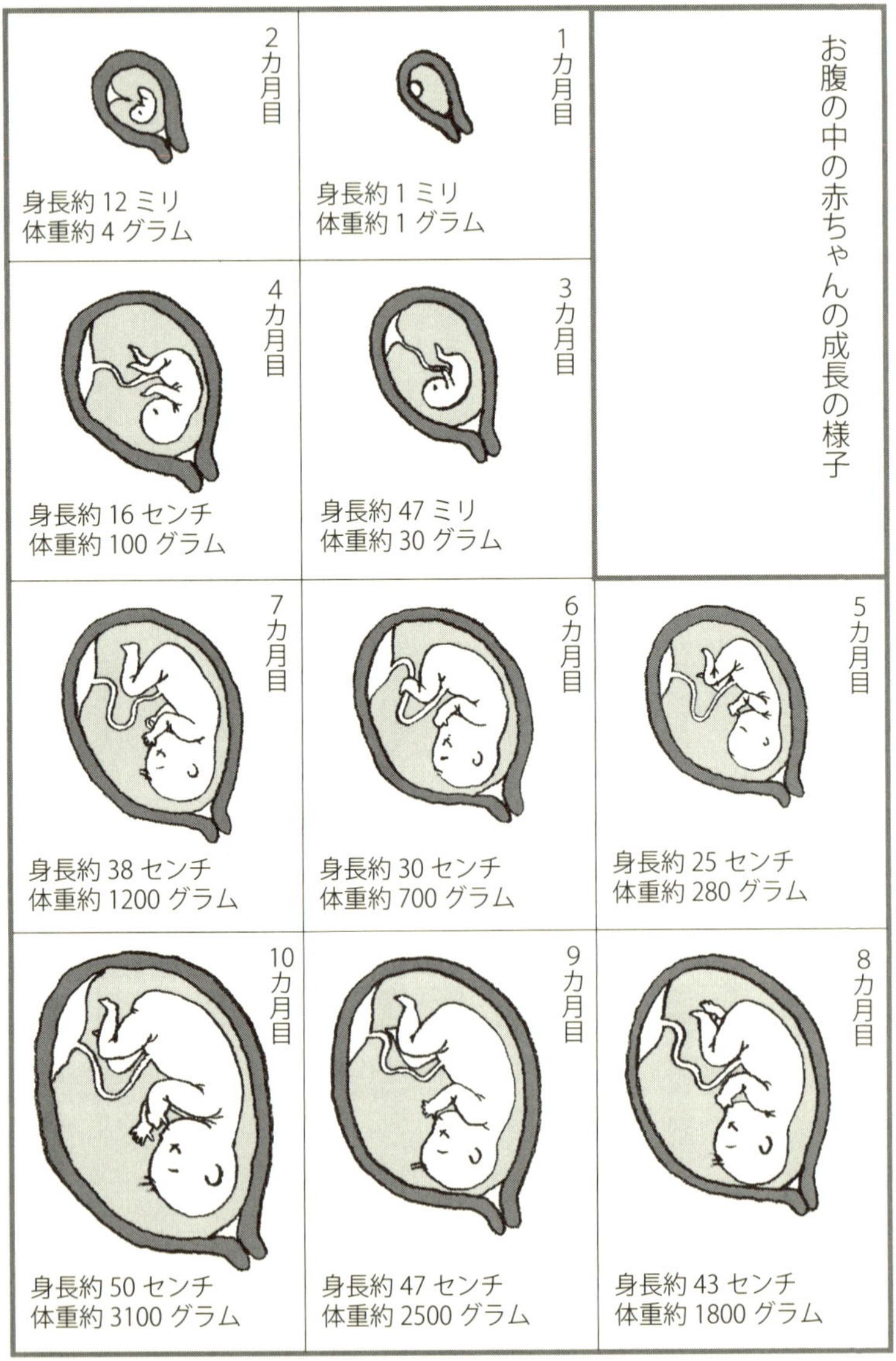
1カ月目
身長約1ミリ
体重約1グラム
2カ月目
身長約12ミリ
体重約4グラム
3カ月目
身長約47ミリ
体重約30グラム
4カ月目
身長約16センチ
体重約100グラム
5カ月目
身長約25センチ
体重約280グラム
6カ月目
身長約30センチ
体重約700グラム
7カ月目
身長約38センチ
体重約1200グラム
8カ月目
身長約43センチ
体重約1800グラム
9カ月目
身長約47センチ
体重約2500グラム
10カ月目
身長約50センチ
体重約3100グラム

＊妊娠初期・中期・後期

妊娠週数が進むにつれ、母体にはさまざまな変化が起こります。普通に考えても、通常は鶏卵程度の大きさしかない子宮が、臨月には赤ちゃん1人がすっぽりおさまるサイズにまで大きくなるのですから、母体に変化が生じるのは自然のことです。ただし、その変化は妊娠週数に合わせて変わっていきます。

一般的に妊娠週数は、以下のように大きく3つに分かれます。

妊娠初期　4～12週

受精卵が子宮内膜に着床し、急激に成長する。6～8週頃からつわりが始まるなど体調の変化が激しい。

妊娠中期　13～27週

赤ちゃんと共存することに慣れてきて、体調も安定し、軽い運動も可能になる。

妊娠後期　28週以降

出産に向けた準備が始まり、貧血、動悸、めまいなど新たな症状に悩まされる人も出てくる。

妊娠を望んでいた人も、突然、妊娠が判明した人も、スタートラインは一緒です。いつもの年と同じように夏休みの旅行を計画していたり、あるいは、2週間先に仕事で海外出張の予定が入っていたりと、誰にでも少し先の予定があるものです。外来でも「先生、温泉旅行の予定があるのですが、行ってもいいですか？」、「毎年、お正月は車で帰省するのですが……」など、決まっているスケジュールに関する質問をよく受けます。

その都度私は、「あなたではなく、お腹の赤ちゃんがどう感じるかを最優先で考えてね」と、まずお願いをします。その次に、お母さん自身の体調についてのお話もして、行くと決めた場合の注意点をお話しします。「行ってきていいですよ」と私にいってほしいことはよくわかります。けれど、私にそのひと言はいえません。赤ちゃんを守るのはお母さんしかいないのですから、最後はお母さん自身の決断になります。その決断をする際にも、妊娠週数による体調の変化や赤ちゃんの成長状態を知ることが役立ちます。

妊娠初期・中期・後期の中でも、さらにその前半と後半では体調に違いがあります。順に紹介していきましょう。

妊娠初期（4～12週）の過ごし方

［4～7週］大切なパーツが形成される絶対感受期

月経が遅れ、もしかして……と妊娠の可能性を考え始めるのが、妊娠4週を過ぎた頃です。まだ妊娠の自覚症状がない人がほとんどですが、子宮内に着床した受精卵は日々成長し、この頃にはすでに心臓や消化器官、中枢神経などの重要な臓器が作られ始めています。5週あたりになると、目や耳などの顔のパーツの形成や四肢の分化により、人間らしい姿に近づいていきます。このように、体の基本となるものが次々に現れる4〜7週頃を「絶対感受期」といいます。この時期はちょうど、初期流産の可能性が高い時期とも重なっていますので、少しでも妊娠の可能性があると感じたら、日常生活でもあまり無理はしないように心がけましょう。

絶対感受期の頃の赤ちゃんは薬の影響を受けやすく、この時期に強い作用のある薬を服用すると奇形の心配が出てきます。また、当然ですが、アルコールやタバコもNGです（129ページ参照）。「ビール1杯くらいならいいですよね」という方がときどきいますが、子宮内では赤ちゃんの体が次々に作られています。飲んだことによる影響がまったくない場合もあるでしょうが、何かが起こる可能性がゼロとはいえません。

初診に訪れた方からよく、「妊娠がわかる前、体が熱っぽくて風邪だと思い薬を飲んでしまったのですが大丈夫でしょうか？」、「着床したと思われる時期に二日酔いになるほどのお酒を飲んでしまったのですが……」などの相談を受けます。

人間の体というのはよくできているもので、月経予定日以前、妊娠の可能性を疑う余地がない頃に薬を服用したりアルコールを摂取したりしても、赤ちゃんにはほぼ影響を与えないとされていますので安心してください。

［8〜12週］つわりの時期

平均すると8〜12週頃につわりの症状を感じる人がもっとも多いようですが、早い人では6週目頃から、症状が長引く人で16週頃まで続く場合もあります。中には、妊娠期間中ずっとつわりのような症状を感じる人もいますが、ごく稀です。

つわりの代表的な症状

吐き気　嘔吐　唾液の増加　全身の倦怠感　頭痛　眠気　においに敏感になる（米を炊くときのにおいやタバコの残り香など）　食べ物の好き嫌いの変化　食欲の減退または増進

英語ではつわりを「morning sickness（モーニング・シックネス）」と表すように、つわりの症状は早朝空腹時に強く出る傾向があると考えられていますが、実際には、夕方から夜にかけてひどくなる人もいて、人それぞれです。程度の差はありますが、妊婦さんの6～8割につわりの症状が出ているといわれます。つわりの起こる原因は、まだ解明されていません。妊娠によるホルモンの変化、自律神経のバランスの崩れ、精神状態の不安定、アレルギーなどが関係しているといわれますが、どれも推測の域を出ていないのが現状です。

つわりの時期には、食べ物を受けつけなかったり、決まった食べ物ばかり食べたくなるという症状が出ることがあります。もし食事をあまり摂れなかったとしても、気に病む必要はありません。妊娠初期は赤ちゃんが必要とする栄養はごくわずかなので、発育には問題ありません。また、医師によって見解は異なるかもしれませんが、私はそのときに食べたい物、あるいは、食べられる物を、がまんせずに食べていいと思っています。無理にがまんして余計なストレスを抱えないようにしてください。

また、空腹になると気持ちが悪くなる、いわゆる食べづわりの症状に悩む方もいます。働いている女性の場合、職場でつまみ食いはしづらいかもしれません。席を立ったときに、飴やビスケットなど、簡単に口に入れられるものを携帯しておくといいでしょう。

つわりによって食事がまったく摂れず体重の減少がみられると、妊娠悪阻《にんしんおそ》※と判断されることがあります。この場合、医師による適切な処置が必要となるほか、ときには入院が必要となる場合もあります。

妊娠初期の注意点

とにかく、無理はしないこと。このひと言に尽きます。

妊娠7週目までは胎芽と呼ばれていたのが、徐々に人間らしい姿となって8週目からは胎児と呼ばれるようになるなど、この時期の胎児の成長は著しいものがあります。それに対応するお母さんの体調変化は急激な上に、妊娠

※**妊娠悪阻**
つわりがひどい状態になると、水も受けつけない場合もある。その際は入院して点滴治療などを受けることになる。

という状態に慣れず、精神的にもゆとりがなくなってしまいがちです。

その不安な気持ちを解消しようと、あれもこれも教科書通りにやろうとして、かえって疲れやストレスを溜めこんでしまう人も少なくないのですが、それでは本末転倒です。この時期は自分を少し甘やかしてあげてください。

妊娠初期は不安定な時期でもありますから、いつ具合が悪くなったり、出血をみるかわかりません。職場では、できることなら身近な同僚や直属の上司には早い段階で妊娠したことを伝えて、こまめに休憩をとらせてもらったり、何かあれば早退して産婦人科にかかれるような環境づくりをしましょう。

「そうはいっても……」と、仕事に穴をあけてしまうことを躊躇する真面目な方もいらっしゃるでしょうが、あなたが頑張りすぎれば、次に妊娠した女性もまた頑張らなくてはならない環境になってしまうはず。そう考えるようにして、自分にとっていい環境を手に入れてください。

日常生活では、走らない、自転車やバイクに乗らない、セックスは控えめにするなどの注意点があります。いつもより時間にゆとりを持って行動し、安定期に入るまでは運動を控えて体を休ませることを最優先しましょう。

まだお腹のふくらみもなく、母になる実感を持ちにくい時期ですが、子宮内ではひとつの命が芽生えています。「赤ちゃんとは一心同体ではあるけれど、別の個体だ」ということをしっかり頭に入れて、常に、「私がこうしたら赤ちゃんはどう思うかな」と考える癖を持つようにすると判断に迷いがなくなり、それだけで気持ちがラクになっていくと思います。

妊娠中期（13〜27週）の過ごし方

［13〜16週］安定期に突入

妊娠初期からつわりの時期までは、食に関する質問がとても多いのですが、安定期に入って数週間もすると立場が入れ替わり、私のほうから「最近、どんなものを食べてる?」、「体重の増え方が早いようだけど、食事はどうしてる?」などと聞くようになります。安定期に入ると、つわりなどの不快な症状がなくなったら喜びからか、以前の分まで取り返すかのように食に走ってしまう方が少なくありません。後ほど詳しく説明しますが、2~3年前まで妊婦さんの体重管理は必須事項でしたが、最近ではその基準が少しだけ緩くなっています。それでも必要以上に太れば糖が出やすくなったり、血圧が上がるなどの影響が懸念されますし、胎児が育ちすぎて巨大児になることが心配されます。太り過ぎると分娩時の危険性も増すので、注意が必要です。

この頃まで基礎体温をつけ続けている人はごくわずかだと思いますが、体温は高温から低温へと徐々に移行していきます。その変化に合わせるように体調も安定してきて、大きなトラブルがなければ、軽い運動も始められます。里帰りなど、どうしても遠方へ行く用事のある人は、16週目以降に行動できるようにこの時期に計画を立てておくのが安心です。

［17〜27週］お腹のふくらみと胎動

16週を過ぎて妊娠5カ月目に入ると、赤ちゃんの身長は25センチ、体重は280グラムほどになり、お腹のふくらみが徐々に目立つようになります。胸もさらに大きくなってくるなど、どんどん妊婦さんらしい体型になり、母親になる実感が強く芽生えることでしょう。そしてこの時期、もっとも母性本能をくすぐるのが、胎動です。羊水の中で赤ちゃんが活発に動くようになり、日増しに強い胎動を感じるようになっていきます。ここで初めて、「ちゃんと、お腹の中で赤ちゃんが育っている実感を得られた」と話してくれる妊婦さんが多くなります。

食事の面では、貧血や便秘といった症状がよく見られますので、鉄分や食物繊維を多く含む食材を意識的に摂るような心がけが必要です。

また、妊娠後期に入ると、どの時期に入院してもいいような心構えが必要になってきますので、入院に必要なパジャマや下着、赤ちゃんの肌着や退院するときの産着など、入院・出産に向けての準備を整えておくと安心です。

妊娠中期の注意点

〝安定期〟という言葉に安心して、気が緩みすぎないようにしましょう。
この時期には、安定期イコール何でもしていい時期と拡大解釈して、自由に動きすぎてしまう人、反対に、妊婦さんらしい体型になってきたことが影響するのか、「妊婦」を理由にして家の中でもほとんど動かなくなってしまう人の2通りにわかれるようです。医師の立場からすると、それぞれに問題があります。

妊娠中の体重増加を緩やかにして健康を維持する上でも、安定期には毎日30分〜1時間くらいのウォーキングをおすすめします。歩きすぎは体に負担がかかりますが、ほとんど歩かないと代謝が落ちて太りやすくなるのはもちろん、血行が悪くなってむくみなどの症状を引き起こす原因にもなります。

日頃から電車を利用している働く妊婦さん、安定期に遠出を考えている妊婦さん。どちらにも共通してお願いをしたいのは、お腹を強く圧迫したり、転んでお腹を強く打ちつけないように注意することです。電車に乗ったり、出かけること自体が悪いのではなく、人混みに出ればその分だけ人とぶつかるリスクは高まります。近場の温泉に行きたいという声もよく聞きますが、お風呂場は転びやすい場所でもありますので、人混み同様に転ばないように充分注意しましょう。温泉によっては妊婦さんの入浴を禁じているところもありますので、事前に確認しておきましょう。

妊娠後期（28～41週前後）の過ごし方

［28～36週］お産に向けて赤ちゃんも急成長

出産まで3カ月を切る頃になると、赤ちゃんの体はほぼ大人と同じ機能を備え、この世にいつ誕生してもいいように準備を整えます。脳の発達により頭部が重たくなり、頭が自然に下を向くなど、自分のペースでお産に必要な状況を作っています。

一方で、お母さんの状態はというと、安定期の頃よりさらにお腹が大きくなり、誰が見ても迷うことがないほど、すっかり妊婦さんらしい体型になります。そろそろ、自分で足の爪を切るのが難しくなってくるなど、日常生活の不便を感じるシーンも増えることでしょう。また、子宮が胃を押し上げて苦しさを感じたり、膀胱が圧迫されて頻尿になったりと、これまでにない体の変化を感じ始め、再びつわりのような胸やけや吐き気に悩まされる人もいます。

また、外出については、何キロもあるお腹を抱えていると、少し動いただけで動悸や息切れがしたり、足下が見づらくて階段の上り下りに時間がかかったりなど、外へ出るのが億劫になりがちです。けれど、臨月に向けてお産への体力もつけるためにも、散歩などの適度な運動をおすすめします。血行を促進する効果もあるので、むくみなどのトラブル予防にもつながります。外出先で慌てずにすむよう、いつもより時間にゆとりを持って行動したいものです。

［37〜41週］臨月に入り、お産の準備は万端

37週0日〜41週6日は、正常な出産時期で、正期産と呼びます。

赤ちゃんは骨盤の中に頭をすっぽりとおさめ、誕生する日を待ちます。お母さんは骨盤が徐々に緩んでいき、分娩に適した体へと変化していきます。あとは赤ちゃんから送られてくる「そろそろ外の世界に出たい」という合図を待つばかり。お母さんの陣痛が分娩のきっかけですが、赤ちゃんは自らホルモンを分泌し、それが合図となって陣痛が起こるという説もあります。もしかしたら、赤ちゃんは、生まれる日を自分自身で決めているのかもしれません。

以前に出版した本のタイトルでもあるのですが、占い好きな妊婦さんから「占いで出産日を決めていいですか？」と聞かれたことがあります。生まれてくる我が子の運勢がよくなるようにという親心もわかりますが、赤ちゃん

にしてみれば、自分にとって最適なタイミングで生まれてくるほうがラクなのです。

特定の日にお産をするには、陣痛促進剤を使用して分娩誘発をしますが、たいていの方は促進剤を使えばすぐにお産が始まって赤ちゃんと対面できると安易に考えています。しかし、薬の反応が悪い場合には、なかなかお産に至らないこともあります。

陣痛の痛みへの不安、無事に産まれてくるかという不安。臨月ならではの心配事は尽きないと思いますが、36週からは妊婦健診が週1回になって医師に相談できる機会も増えますし、「ここまできたらあとは産むだけ！」と覚悟を決めることが大切です。

お母さんがイライラを募らせたり、不安がってばかりいると、ストレスから血液の循環が悪くなり、赤ちゃんにも苦しい思いをさせてしまうかもしれません。くよくよしていても仕方ないですから、お散歩や家のお掃除などをして上手に気分転換を図りましょう。いろいろ不安はあるにしても、赤ちゃんと一心同体でいられる期間はあとわずか。この貴重な時期を楽しむ気持ちも大切です。

［42週〜］過産期に入っても心配しすぎは禁物

正期産を過ぎると、過産期と呼ばれます。自然なお産を待ちたいという妊婦さんも多いですが、赤ちゃんが大きくなりすぎると産道を通りにくくなるなど、分娩時のリスクが高まります。この時期になると赤ちゃんは1週間に100〜200グラムずつ大きくなり、それとともに赤ちゃんを支える胎盤の働きが弱くなったり、あるいは羊水が濁って赤ちゃんにとって過酷な環境になるなど、心配事も少しずつ増えていきます。

施設によって対応は異なりますが、正産期であっても40〜41週を過ぎた頃から、お腹の中にいるよりも、いま生まれてきたほうが赤ちゃんのためによい、という判断になれば、陣痛促進剤を用いての分娩や帝王切開に踏み切る場合も考えられます。

妊娠後期の注意点

妊娠後期に入ると、赤ちゃんの体重が増えてお腹の重みが増し、体力的にもきつくなってきます。その上、仕事を持っていれば、外に出て人混みで誰かとぶつからないかとひやひやする場面があるでしょうし、階段の上り下りも危険に感じることがあるでしょう。何をするにも今まで以上の慎重さが求められ、いつもと同じことをするのにも1・5～2倍くらい時間がかかります。また、お腹が張ることも増えますから、こまめに休息を取れるよう、ゆとりを持って行動しましょう。

妊娠後期には子宮内で身動きがとれないほど赤ちゃんが大きくなっていきます。同時にお母さんのお腹も大きくなっていきます。すると、前へ前へとせり出すお腹とのバランスを取ろうとして、腰や背中に負担がかかります。腰痛や肩こりに悩んで、日常生活に支障をきたすようなら、ここまで頑張ってきたご褒美に、妊婦さんを受け入れているエステやマッサージなどに行ってみるのも気分転換になっていいと思います。

働くお母さんは出産予定日から起算して6週間前（多胎の場合は14週前）から産前休暇を取ることができます。分娩後8週間の産休と違い、産前休暇は会社に申請しないと休暇は取れません。せっかくならお休みをとって、赤ちゃんと一心同体でいられる最後の期間を満喫してほしいな、と思います。

中には、仕事中に陣痛が起きても平気！　というパワフルな妊婦さんもいると思いますが、予定日が近づくにつれて、不安な気持ちが増していく方が大半だと思います。でも医師としては、臨月まで無事にたどりつけばひと安心、というのが正直なところ。あまり心配せず、自然にお産がつくのを待ちましょう。

多胎妊娠はこわくない！

＊体への負担は大きいけれど、喜びは2倍！

多胎妊娠とは、２人以上の赤ちゃんを妊娠することです（ここでは、ふたごの場合を例として説明をします）。ちなみにひとりの赤ちゃんを妊娠することを単胎と呼びます。

近年では多胎妊娠が増加傾向にあります。その理由のひとつに挙げられるのが不妊治療です。排卵誘発剤を使用すると、複数の卵子が排卵され、多胎妊娠に至るケースが増えます。また体外受精で２つ以上の受精卵を子宮に戻し、いずれもが着床した場合にも多胎妊娠となります。そしてもうひとつの理由が、高齢出産による多胎です。高齢になると排卵が乱れることもしばしばで、2つ以上の卵子が1度に排卵される可能性が高くなります。このように、2つの卵子が同時に受精した場合、二卵性双生児となります。一卵性双生児の場合は、1つの受精卵が分裂の途中で2つになり、それぞれが胎芽となって育っていきます。

多胎妊娠の場合、単胎に比べれば当然、お腹が大きくなるスピードも体重の増加も早くなります。その分、つわりなどの不快な症状が強く出ることが考えられます。また、単胎よりも妊娠・出産のリスクが高まるため、妊婦健診の回数も多くなります。妊娠合併症などが起こらないよう、医師も注意深く診察しますが、多胎妊娠の場合は妊娠後期に1～2カ月程度の管理入院が必要な場合が多く、半数近くが早産になります。

そのため、単胎妊娠よりも妊娠のスケジュールを少し早めに組んでいく必要があり、緊急入

院の可能性を視野に入れた環境作りが必須となります。働くお母さんであれば、法的に認められている14週前から産休を取ることをおすすめします。

妊娠中の体重は、2人分だから20キロ近く増えてもかまわない、というわけにはいきません。妊娠高血圧症候群を予防するためにも、15キロ前後までの増加を目安にするといいでしょう。

やはり気になる、妊娠中の体重管理

＊〝小さく産んで大きく育てる〟は過去の話

ほんの数年前まで、「小さく産んで大きく育てる」のがよいとされ、ほとんどの産婦人科で、妊婦さんへの厳しい体重管理・指導が行われていました。

その結果、出生数は減っているにも拘わらず、2500グラム未満で生まれてくる低出生体重児※の割合が増加する、という問題が浮上しました（1993年には全出生数の6・5%だったのが、2003年には9・1%に増加）。

大部分の低出生体重児はNICUや保育器で育てられます。すると、数に限りのあるNICUのベッドが埋まってしまうという問題が出ます。妊婦さんも、自分が太りすぎると赤ちゃんに負担がかかると思って真面目に食事制限に取り組んできたのに、「私がもっとちゃんとしていれば……」と自分を責めてしまうことにもなります。中には、母子同室だからその病院を選んだのに、低出生体重児であったために入院中はずっと親子別々になってしまった、という方もいます。

胎児期に長期間にわたって母体から十分な栄養をもらえなかった子どもは、成人してから、肥満、糖の代謝異常、心血管障害（高血圧、循環器疾患）などの生活習慣病にかかる割合が増えると報告されています（Barker仮説）。

現在では、体重増加の目安は表のようになっています。もし、推奨体重増

※**低出生体重児**
2500グラム未満で生まれる新生児のうち、1500グラム未満を極低出生体重児、1000グラム未満を超低出生体重児と呼ぶ。

体格区分	推薦体重増加量
低体重（やせ型） BMI 値 18.5 未満	9〜12kg
ふつう BMI 値 18.5〜25.0 未満	7〜12kg
肥満 BMI 値 25.0 以上	おおよそ 5kg

BMI（Body Mass Index）の算出方法

$$\frac{\text{体重〈kg〉}}{\text{身長} \times \text{身長〈m〉}}$$

加の上限ぎりぎりになってしまっても、極端な食事制限をするのではなく、栄養のバランスに目を向けた食事改革に取り組んでいただきたいと思います。例えば、食事の割合を朝4、昼4、夜2になるように工夫したり、1991年に始まり近頃は日本でもよく耳にするようになった健康促進運動「5 A DAY（ファイブ・ア・デイ）」を参考に、野菜を1日5皿（350グラム程度）とフルーツ200グラムを摂取するように心がけるだけでも食事のバランスが整います。

高齢出産なら知っておきたい、出生前検査のこと

＊検査を受けるか受けないか、自分で決める勇気を持つ

1章でも説明したように、高齢出産では胎児の染色体異常の確率が高まります。妊娠初期に医師から染色体異常を調べる出生前検査について説明することもありますが、出生前検査には主に、羊水検査、クアトロマーカー試験（母体血清マーカー試験）の2つがあり、妊娠15週以降に受けられます。

検査内容については後述しますが、出生前検査で染色体異常の可能性がある、あるいは、その可能性が高いと判断された場合、このまま妊娠を継続するのか、中絶をするのかで迷うことになります。命に関わる重たい選択であり、両親となるふたりの未来にも関係する事柄ですので、たった1度の口頭

で説明だけで、これらの検査を受けるか受けないかの判断をするのは困難だと思います。

私はいつも「ご主人とよく相談してきてね」と声をかけますが、妊娠初期でまだ自分の子どもができることへの実感を持ちにくい男性の場合、検査のことを相談しても「君が受けたいと思うなら、受ければいいよ」という答えが返ってくることも多いようです。当然、妊婦さんたちの多くは結論が出せずにギリギリまで迷われます。そんなときには「頭を切り換えて、自分で決断してみてはどう?」と提案します。妊娠中だけではなく出産後も、お母さんはあらゆる決断に迫られます。予定日前に破水しても、ご主人とすぐに連絡が取れるとはかぎりません。ご主人の転勤が決まり、母子のみで暮らす可能性も考えられます。この先、どんな事態が起ころうとも、子どもを守り抜く強さがお母さんには求められるのです。妊娠中から「自分はどうしたいのか」を考える訓練をしておくのも悪くはないと思います。

そういったお話をした結果、みなさんはそれぞれの答えを出しています。

「私は極度の心配性なので、出産の日までずっと心配し続けるのは目に見えています。だから、検査を受けます」、「主人に話したら、健康な赤ちゃんしか欲しくないといわれたので……。もし子どもに病気があった場合、そんな主人と一緒に育てていく自信がないので検査を受けます」、「どんな子どもでも私の子ども。だから検査は受けません」。

自分に適した回答を導き出せれば、それがいちばん幸せですね。

羊水検査――検査時期　15～17週頃

超音波断層法（エコー）で胎児の様子を確認しながら、胎児を傷つけないようにお腹から子宮に針を指し、羊水を15～20ミリリットル採取します。その中にある赤ちゃんの細胞を2～3週間培養し、染色体の本数や構造を分析します。

この検査でわかるのは、21トリソミー（ダウン症）、18トリソミー、13トリソミーなどの染色体異常の有無をはじめとした、胎児の状態です。確定診断となるため、どのような結果が出ても受け入れる心の準備が必要です。

検査を受ける副作用として、お腹が張る、破水、出血、感染、胎児死亡が挙げられます。また、この検査に伴う流産率は0・2～0・3％といわれ、300～500人にひとりが流産するというデータがあります。


クアトロマーカー試験（母体血清マーカー試験）――検査時期　15～21週頃

主に、21トリソミー、18トリソミー、開放性神経管奇形※（開放性二分脊椎、無脳症）の確率を調べるためのスクリーニング検査（可能性の有無をふるいにかけるための検査）です。お母さんから採血をして4つの物質のバランスを調べることから名づけられた「クアトロマーカー」という通称のほうが一般的です。この検査は21週頃まで受けられます。

採血だけなので検査によるリスクはありませんが、染色体異常の可能性が高いとスクリーニング陽性と報告され、より精度が高く確定診断となる羊水検査を受けるかどうかを考えなくてはなりません。羊水検査はいつでも受け

※**開放性神経管奇形**
脳や脊髄を包む骨の構造に欠陥があって、神経系を壊してしまう奇形のこと。

られますが、結果が出るのが2〜4週間後ですので、中絶の時期に間に合わせるには妊娠17〜18週頃までに受けるのがいいでしょう。先々のことを考えると、なるべく早い時期にクアトロマーカー試験を受けるかを決めておくことをおすすめします。

中絶という選択をした場合、法的に中絶が可能な時期は22週未満です。どのような結論が出るせよ、妊娠・子育てについてご主人と意見をすり合わせるまたとない機会となるはずですから、たくさん話し合ってください。

妊娠したら、禁酒・禁煙は当たり前？

＊わかっているなら、やめられる？

私が外来で接する妊婦さんの多くは、妊娠と同時に母としての自覚を持ち、お酒もタバコもすっぱりとやめる方が多いように思います。やめようと強く意識しなくても、「タバコを吸うと気持ち悪くなるようになった」、「お酒を美味しいと感じなくなった」というように、味覚や嗜好の変化が起こることもあるようですが、その一方で、いつまで経ってもお酒やタバコがやめられない方もいます。ここで、お酒とタバコが胎児に及ぼす影響について、もう一度よく考えてみましょう。

まずお酒ですが、胎児にはアルコールを分解する力が備わっておらず、お母さんが毎日多量のお酒を飲んでいると、胎児性アルコール症候群を発症する可能性が高まります。誕生した子どもには特徴的な顔貌があったり、発育の遅れや中枢神経の問題がみられます。しかし、どのタイミングでどのくらい飲んだら赤ちゃんに影響が出るのかわかっていません。そのため現段階では、アルコールにさらされた胎児の脳は小さくなる傾向があり、行動障害（注意力の欠如、学習障害など）に結びつく可能性を否定できない、としかいえません。

次にタバコですが、お母さんが自身が吸う場合、その煙は主流煙と呼ばれ、ニコチン、一酸化炭素、アンモニアなどの有害物質を多く含みます。その有害物質に赤ちゃんがさらされるのですから、まさに、百害あって一利なし、ではないでしょうか。また喫煙によって血流量や酸素が少なくなることで、低体重になったり、胎児新生児死亡率も高くなり、脳細胞に影響を及ぼして精神運動発達遅滞※が出るという報告もあります。

また、自分が吸わなくても、周りの人がタバコを吸う際に出る副流煙にも有害物質が同じように含まれています。赤ちゃんだけでなくお母さんが肺がんになる危険性も高まり、主流煙と同様に胎児の成長を妨げる可能性が考えられるので、ご主人の喫煙や会社など、周りの環境についてもう一度確認することをおすすめします。

※**精神運動発達遅滞**　遺伝性、代謝性、染色体異常、胎内性、出産障害、脳炎後遺症などがあるが、原因不明の場合が多い。

妊娠中の運動はしてもいい？

＊あれこれ顔を出してママ友を作る

妊娠中でも安定期に入ったら、ウォーキングなどの適度な運動をおすすめしています。体を動かすことは気分転換にもなりますし、筋力の衰えを防ぎ、血流を促進する効果があるからです。でも、もちろん無理は禁物。ウォーキングの場合なら、もう少し歩きたいな、と思うくらいでやめるのがちょうどいいと思います。また、万が一の場合を考え、妊娠の経過がわかる母子手帳を携行するようにしてください。

個人的には、マタニティヨガ、マタニティビクス、マタニティスイミングなどのクラスに通うことに大賛成です。妊婦さんのために組まれたプログラムなら安心して体を動かせますし、ひとりで歩くウォーキングと違い、周囲に人がいるのでいざというときにも安心です。

同じような月齢のママたちなら共通の話題がたくさんあり、自然に話が弾みます。妊娠中は何かと悩みも尽きませんから、何でも話せるママ友は心強い味方になってくれるでしょう。

若い子の中に入って体を動かすのは恥ずかしいという方もいますが、私は逆に、若い子と接することで気持ちが若返っていいと思っています。

診察室で出会う若い妊婦さんたちは、元気があって、明るく、前向きな人が多いです。高齢の方なら心配しすぎてしまうことも、若さからくるパワーなのか、「赤ちゃんが元気なら、大丈夫です！」と、明るく

サラリと受け流せる強さも持っています。恥ずかしいといわず、積極的に輪の中に飛び込んでいきましょう。

知っておきたい、産休・育休の基礎知識

＊出産・子育てのための休暇は女性の権利

働く妊婦さんは、さまざまな法律によって守られています。

まず、妊娠中の労働についてですが、男女雇用機会均等法により、「母性健康管理の措置」が事業主に義務づけられています。医師に「母性健康管理指導事項連絡カード」を書いてもらって会社に提出すると、時間差勤務、時短勤務、仕事量の軽減などを請求することができます。

産休は、労働基準法によって定められており、「産前産後休業」と呼ぶの

が正式名称です。産前休業は、お母さんが会社に届け出た場合に限り、自然分娩の予定日から起算して6週間前から（多胎妊娠の場合は14週間前から）休暇を取ることができます。分娩予定日が過ぎてからのお産になった場合でも、産前休業期間は自動的に延長されるので心配することはありません。

産後休業は、正社員でもパートでも、分娩日の翌日から8週の間、必ず休暇を取ることができます。すぐに働きたい場合は、医師の許可を得れば、分娩日の翌日から6週間後に職場復帰ができます。

産前産後休業は、就業規則に記載されていなくても取得することができますが、産休中の給料に関しては労働基準法に規定がなく、無給となる職場が多いようです。その場合でも、健康保険に入っている人には、標準報酬日額の3分の2相当が支給されます。注意したいのは、産休中の社会保険料は免除されない点です。いつもはお給料から天引きされている社会保険料を後々会社に納めなければなりませんので、気をつけましょう。

産後休業から引き続き取得できるのが、育児休業、つまり育休です。子どもが1歳の誕生日を迎える前日まで、男女を問わず取得が可能です（子どもが1歳になっても預け先が確保できないなど特別な事情がある場合には1歳6カ月まで延長が可能）。育休中も無給の場合が多いですが、育児休業基本給付金と育児休業者職場復帰給付金の支給を受けることができます。ちなみに、育休中の社会保険料は申請により免除されます。

出産のスタイルを考える

＊高齢出産ならではの選択

高齢出産はそれだけでひとつのリスクであることは繰り返し説明してきました。高齢であるだけで、糖尿病や高血圧のリスクも高まり、これらの症状が出たときには他科との連携が欠かせません。出産時には緊急帝王切開になるリスクなども背負っています。そのことを自覚して、大学病院や総合病院など、なるべく大きな病院を探す努力をしてほしいと思います。大きな病院であれば、生まれてきた赤ちゃんに万が一何かあったとしても迅速な対応が可能です。産み方にこだわる妊婦さんも多いですが、自分の希望よりも赤ちゃんの安全を最優先にした病院選びをしてください。

どこで産むかを決めた後は、どう産むかを考えます。日本では、〝お腹を痛めた我が子〟という言葉に象徴されるように、自然なお産こそがよいとされる風潮が根強く残っています。しかし、自然な分娩にこだわりすぎると、かえってリスクが高まることもあるのです。痛みを伴う出産でなければ、子どもとの愛情が希薄になるかというと、そうではありません。出産は体力勝負でもありますし、ここで無理をして体調が戻らず、産後の子育てに影響が出てしまっては大変です。あらゆることを想定し、自分らしいお産を考えるのはいいことだと思います。

たとえば、35歳以降の妊娠で第二子の出産予定がない方の場合、最初から帝王切開を選択するのもひとつの考え方です。高齢出産の場合、年齢とともに子宮口が硬くなっている方が多く、長時間、陣痛の痛みに耐えても子宮口が開かず、帝王切開に切り替えるという場合もよくあります。母体にも赤ちゃんにも大きな負担がかかりますので、経膣分娩に特にこだわりがない、体力に自信がない、痛みへの恐怖心が強い、リスクの少ないお産方法を選びたい、という方であれば、予定帝王切開での出産を検討してみてもいいと思います。ただし、第一子を帝王切開で産むと第二子以降もほぼ帝王切開となります。また、帝王切開は外科手術ですので、リスクがないわけではありません。ひとりめから帝王切開で産むメリット、デメリットをよく考え、医師と相談をしましょう。

＊里帰り出産について

自分が生まれた病院で出産したいと考え、里帰り出産を選ぶ人も意外に多いものです。もし、里帰り出産を検討しているなら、少しでも早く分娩予約を取りましょう。地方には産科不足が深刻な地域がたくさんあり、出産できる病院が市内に1軒しかないことも珍しくありません。その1軒が、地元在住者の分娩しか受け付けていない場合もあります。

私の地元は広島県ですが、生まれ育った市には分娩できる病院がいまはひとつもありません。残念ながら現在の日本では、里帰り出産をするかしないかで悩むゆとりさえないのです。まずは里帰り出産が可能かどうかをリサーチしてから、先のことを考えましょう。

両親や兄弟など心置きなく甘えられる身内がいて、出産前後の日々をストレスなく過ごせる里帰り出産は、最高の環境といえます。また、地元にいる友人たちとの交流も楽しいでしょう。リラックスして出産に臨み、退院後も母親の手を借りながら子育てができれば精神的にも身体的にもゆとりが持てます。

しかし、里から戻ってきたときに急にひとりぼっちになって、寂しい思いをする人もいます。地元でママ友ができても、自宅近くにいなければやはり寂しいものです。里帰り出産を予定しているなら、地元に帰る前に妊婦健診などを受けておき、近所にママ友をつくっておきたいものです。

4章
ストレスに負けない子育てのコツ——
“真面目”はほどほどに

子どもが生まれると、赤ちゃんが主役の生活が始まります。赤ちゃんもお母さんも変化の大きい１年です。

これから始まる、ママとしての人生

＊マニュアルより目の前の赤ちゃん

　赤ちゃんを無事に出産して退院したら、これから先は産婦人科医だけではなく、赤ちゃんの成長をご両親と一緒に見守る小児科医とのお付き合いがスタートします。生後１カ月、３カ月、６カ月……と定期健診の中で、赤ちゃんの成長は順調か、病気が潜んでいないか、などをみていきます。

　これまでに多くのお母さんたちと接し、たくさんの時間を過ごしてきましたが、私から見た高齢出産ママたちの印象は、とにかく真面目で完璧主義、といったところでしょうか。妊娠・出産を経て、世の中には自分の意思ではどうにもならないことがある、と体感したのに、自分のお腹が元通りになってくるのと同時に、コロッと忘れてしまうようです。

皆さんはアプガースコアをご存じでしょうか。これは、出生直後の赤ちゃんの状態を皮膚色や心拍数、呼吸など5つの項目で出生1分後と5分後の2回チェックし、10点満点で評価をするものです。たとえば、赤ちゃんの体はピンク色でも手足の先が青紫色なら1点、全身がピンク色なら2点という具合です。生まれてすぐ全身ピンク色の赤ちゃんなんてそうはいません。健康に生まれた赤ちゃんでも8〜9点になります。そもそも、アプガースコアは医療者間での確認事項に過ぎないのですが、予習を積んだお母さんの中には、「何点でしたか？」と聞いてくる方がいます。そういうお母さんは根が真面目ですから、10点満点でなければ納得しません。しかし、これはテストの点数とは違うものですし、極端な話、いま自分の腕の中にいる赤ちゃんが健康であるならば、アプガースコアが6点や7点であっても何の問題もないのです。

数字にこだわるのは、高齢出産でママになった方の特徴のひとつです。例えば本に「体重と身長のバランスを見て、ミルクは600〜900ミリリットル飲ませましょう」と書いてあると、「うちの子の適量は何ミリリットルですか?」といったような具合です。でも本来は、毎日赤ちゃんと向き合っているお母さんの経験で、必要量はある程度わかってくるものです。数字のみを追いかける育児は、まるでお勉強のようで、ちっとも楽しくないのではないでしょうか。

また、あるお母さんは、「皮膚科の先生から、子どもにあせもを作らないためには室温を22度に保つといい」と聞き、冷房の温度設定を常に22度にしていたそうです。22度の設定では、室内温度はそれ以下になってしまいます。ご主人がいくら説得しても「だって、先生がそういったから」の一点張りで、ご主人のいない日中はずーっと22度にしていたそうです。赤ちゃんの具合も悪くなってしまい、あわててご主人が病院に連れてきた、などという話も実際にあります。

本に書かれている数字は、あくまでも平均値でしかありません。医師が話す数値も参考としてお伝えしているもので、絶対というわけではありません。大切なのは、目の前にいる我が子をしっかり見つめ、この子にはいま何が必要かを見極めることなのです。

小児科医との上手な付き合い方

＊ひとりで悩まず、何でも相談を

定期健診に来るほとんどの高齢出産のママは、手にぎっしり書かれたメモを持ってきます。その質問の大半は、具体的な数字を求めるものだったり、身近な人や雑誌などから得た情報が正しいかどうかの確認だったりします。不安な気持ちはわかりますが、病院に行く前に、ちょっとだけ冷静な気持ちになってメモを眺めてみてください。質問を挙げていくことは悪いことではありません。一度書いた質問の取捨選択をしてみることで、自分で考える力を養ってください。

メモばかり見つめていると、雑談をするゆとりがなくなってしまいます。診察室での何気ないやりとりから、お母さんが悩んでいる本当の理由が見えることもよくあるのです。以前、あまりにも元気のない新米ママさんの話を聞いてみると、育児についてお義母さんからさかんに口出しされて参っていることがわかりました。そこで、「次に来るときに、お義母さんも一緒に連れていらっしゃい」と彼女に提案しました。私にも経験がありますが、人は身近な人の言葉より、他人の言葉のほうが耳を傾けやすいものです。それに、医師である私が直接お話しをすれば、お義母さんも納得しやすいだろうと思ったのです。次の健診のときにはお義母さんにも診察室に入ってもらい、さりげなく最新の育児情報をお話したり、お義母さんからの質問にもお答えしたり、私なりにできることをしてみました。その後、ふたりの間の風通しがよくなったと新米ママさんから報告を受けましたので、きっと私もお役にたてたのでしょう。

質問に答えるのも医師の大切な役割ですが、ときには、ママと手を組んで問題解決に立ち向かうこともできる。そのことを知っていただければと思います。

ママも赤ちゃんも変化の大きい1年

＊大切な命を守り、育て、育てられること

出産という大仕事を終えたお母さんの体は、まだまだ本調子ではありません。大きく膨らんだ子宮は約6週間かけて元通りになり、その頃にようやく産後の出血も止まってゆっくりと調子が戻ってくる、といったところでしょうか（この6週間を産褥期《さんじょくき》と呼びます）。

お母さんの体調が万全ではなかったとしても、赤ちゃんの成長は待ったなしです。赤ちゃんは生まれたその日から生後2～3カ月頃までは、1～3時間おきにおっぱいを飲みます。当然、お母さんは寝不足になりますが、皆さん、同じようにこの時期を乗り越えています。

3カ月を過ぎると赤ちゃんの夜の睡眠時間がだんだんと長くなり、お母さんもゆっくり休めるようになっていくはずです。ところが、ホッとひと息ついたのも束の間、お母さんの体は出産後のホルモンバランスの変化によって、髪の毛が抜けるなど、これまでに経験したことのない症状が表れます。ただしこれは一時的な症状で、しばらくすると抜けた髪も生えてきます。

赤ちゃんはというと、生後4～5カ月頃になるとまわりに興味を示し、手を伸ばしたり寝返りなどの動きが出てきて事故が起こりやすくなったり、免疫システムが変わって熱を出したり病気になるなど、心配の種も増えます。5～6カ月頃に離乳食がスタートし、9カ月頃にはハイハイができるようになって、その後、つたい歩きをするようになります。そして、1歳のお誕生日を迎える頃には、ひとりで立てるまでに成長します。駆け足で説明しましたが、生まれて何もできなかった赤ちゃんが1年後には立ちあがり、他人とコミュニケーションを取れるまでに成長するのです。

赤ちゃんが主役の生活は毎日がめまぐるしく過ぎていきますし、自分自身の変化も大きい1年です。

赤ちゃんの成長カレンダー

1カ月	1～3時間おきに、授乳とねんねを繰り返す
2カ月	目の焦点が合うことが増えてくる
3～4カ月	首がすわり、手足の運動も活発になる
5カ月	早い子では、寝返りが打てるようになる
6カ月	手をついて短時間のお座りができるようになる
7～8カ月	お座りが安定してきて、ハイハイの一歩手前のズリバイができるようになる
9カ月	ハイハイができるようになり、早い子ではつかまり立ちを始める
10カ月	人見知りをするようになる子もちらほら出てくる
11カ月	伝い歩きができるようになる
12カ月	何かにつかまらなくてもひとりで立てる瞬間が少しずつ増えてくる。早い子では言葉も出てくるようになる

＊産後のママの体の変化

先ほども少し触れたように、出産をしたらすぐ体が元通りになるわけではありません。お産直後、子宮は3～5センチ（へそ下2～3横指）になりますが、そこから再びふくらんで、6週間かけて徐々に元通りの大きさに戻っていきます。また、母乳を与えていると乳首への刺激で子宮が収縮し、子宮の戻りが早くなるといわれています。子宮が小さくなるに従い、お腹のふくらみも少しずつ気にならなくなっていくでしょう。ただし、10カ月かけて伸びていったお腹の皮膚は6週間では元通りにならず、ハリが戻るにはもう少し時間がかかる場合が多いようです。

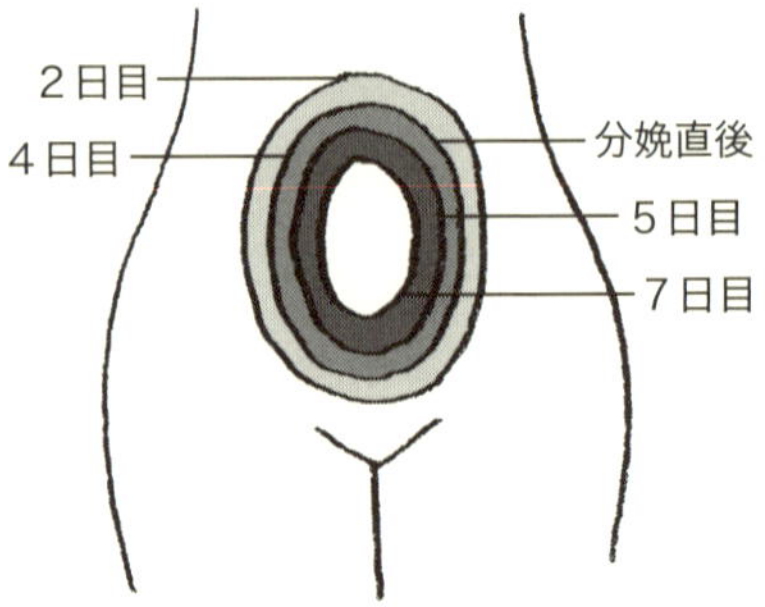

産後の出血は正確には悪露《おろ》といい、同じく6週間程度で収まります。月経の出血と

は異なり、その正体は、胎盤がはがれたところからの出血です。産後すぐは月経よりも多い量の出血があるため、専用の大判ナプキンをつけることになります。3日を過ぎれば量も減り、色も赤から茶褐色へと変化します。2週以降には黄褐色、4週以降は白っぽい色となり、およそ6週でほぼ気にならなくなるでしょう。3日目を過ぎても出血量が減らない、いつまでも赤い色の出血が続く場合は子宮の回復が思うように進んでいない可能性もあるので、医師に相談してください。

＊産後の心は不安定

マタニティブルーズという言葉を聞いたことがあるでしょうか。これは、出産直後特有の軽度なうつ状態のことで、出産後3日目くらいから、わけもなく悲しくなって涙が出るというのが主な症状です。出産した女性の約半数が経験するといわれていて、数日～2週間程度で症状は改善します。この期間は、感情が安定しないのか、ちょっとしたことでも激しく落ち込んでしまうことがあるようです。しかし、退院して1週間もすれば、すっかり元気になる人が大半なので心配はありません。

気がかりなのは、出産後1カ月目頃から症状が現れる産後うつ病（産褥期うつ病）です。気分の落ち込み、無気力などの症状が出始め、3カ月から1年と症状が長引くこともあります。母乳が出ないなんて親として失格だわ、子どもに愛情を注げないなんて最低……など、自分を責めるような感情が生まれてきたら要注意です。

妊娠時と同様に、出産後はホルモンバランスが大きく変化します。その影響で気分の浮き沈みも大きくなります。精神的に強いと思っている方でも産後うつ病になる可能性はありますので、自分自身の変化にも目を向けてあげてください。

母乳？　それとも、ミルク？

＊頭を柔軟にして使い分けを

子育てと聞いて真っ先に思い浮かべるのが授乳のシーンではないでしょうか。母乳で育てるか、ミルクで育てるか、あるいは混合にするか。誰もが悩むところだと思います。

私自身の考えとしては、人間の子どもなのですから、人間のお乳で育てるのがもっとも自然な姿だと思っています。母乳には赤ちゃんにとって必要な栄養素が含まれています。母乳が出ないからミルクでと安易に考える前に、飲ませ方に問題はないか、抱き方に問題はないかなど、あらゆる可能性を探っていただきたいと思います。

フットボール抱き

縦抱き

横抱き

授乳というと横抱きのイメージが強いと思いますが、お母さんのおっぱいと赤ちゃんの相性はまちまちで、縦抱きのほうが安定して吸いやすい場合もあれば、赤ちゃんを体の脇に抱えるようにするフットボール抱きがフィットする場合もあり、赤ちゃんが飲みやすい体勢をとるだけで吸う力が強くなり、母乳の出がよくなるといったケースもあります。

赤ちゃんがちゃんとおっぱいを飲んでいるのか不安がる方も多いですが、ちゃんと飲んでいればオムツにおしっことうんちがたくさん出ているはずです。適度な排尿、排便があれば心配はいらないでしょう。

母乳をしっかり飲んでいればあえてミルクをあげる必要はないですが、かといって、ミルクを頭から否定しているわけではありません。私も子育ての際、ミルクにずいぶん助けられました。私は病院に勤務しながらの育児でしたから、とにかく睡眠時間を確保するのに必死でした。そこで、夜寝る前の授乳が終わったら、ミルクを10～20ミリリットルほど子どもに飲ませるのです。すると、母乳よりもミルクのほうが腹もちがいいので、夜中に目覚めることなく明け方までぐっすりと眠ってくれます。母乳の出がどうしても悪かったり、仕事の合間に時間的余裕が持てない場合などは、頭を切り換えてミルクを活用するのもいいでしょう。

いちばん怖いのは、近年ブームが過熱気味の〝ナチュラル志向〟です。出産前から「完全母乳で育てる」と決めてかかっている方が増えています。母乳の出が悪いのに、ミルクを足さずに母乳のみを与え続けていると、赤ちゃんの発育に影響を及ぼすことがあります。大切なのは完全母乳なのではなく、母乳育児です。抱っこして、スキンシップして、声をかけて接することなのです。

＊授乳に関する疑問あれこれ

「主人が授乳したがるので、うちでは母乳とミルクの混合にしています」という方がときどきいらっしゃいますが、私はこれには大反対です。せっかく、母乳を与えられる環境が整っているのに、なぜ、栄養のいっぱい詰まった母乳をわざわざ減らすのでしょうか。

確かに、お母さんがおっぱいを与えている姿は神々しく見え、まさに母性を感じます。お父さんが憧れる気持ちもわかりますが、だからといって、その仕事をお父さんがする必要はありません。男性はその広い胸板と力強い腕力を活かして、赤ちゃんをたくさん抱っこして安心させてあげたり、沐浴をしたりと、活躍できる場が他にいくらでもあります。お父さんにはお父さんの大切な役割があるということを教えてあげてください。

仕事を持つお母さんは、職場復帰のタイミングで母乳育児からミルクに切りかえなければなりません。その際、赤ちゃんが哺乳瓶からちゃんとミルクを飲めるのかを心配する方もいらっしゃいますが、心配はご無用です。最初は哺乳瓶を嫌がる赤ちゃんもいるでしょうが、最終的に空腹に負けて哺乳瓶からミルクを飲み始めます。赤ちゃんには強い生命力が備わっていますから、与えられた環境には順応していくものなのです。また、お母さん側の卒乳※も、心配はいりません。人間の体とはよくできているもので、赤ちゃんにおっぱいを吸われなくなると、徐々に母乳も出なくなってきます。

授乳に関してはさまざまな情報が溢れ、そこに、神秘的なイメージなどの幻想が加わってしまうと、的確な判断を下すのが難しくなってしまいます。けれど原点に立ち返り、シンプルに考えると、ほとんどの問題は解決してしまうものです。

赤ちゃんと触れ合う沐浴の時間

※**卒乳**
赤ちゃんが自ら母乳を飲むのをやめること。

＊赤ちゃんだって、しっかり洗ってほしい

新陳代謝の活発な赤ちゃんは、毎日、沐浴させてあげるのが望ましいでしょう。最初は不安かもしれませんが、恐る恐るなでるだけの沐浴では赤ちゃんの垢は取れません。代謝が活発だということは、垢も溜まりやすいということなのです。たとえば、生後2カ月頃までは、赤ちゃんはいつも手をギュッと握り締めています。お風呂のときに手を開いて洗ってあげないと、てのひらにはすぐに垢が溜まります。

あるとき、こんなことがありました。1カ月健診で、診察室に寝かせた赤ちゃんに近づくと、プ～ンと何やらにおうんです。赤ちゃんの首を見ると、まるでツキノワグマのような白い線があります。すぐにピンときて、お母さんに「これ、何だと思う?」と聞きました。すると、お母さんは「お薬でも塗ってあるのかと思っていたのですが……」と答えました。とんでもありません。首の周りについていたのは、垢です。ぷくぷくしている赤ちゃんの皮膚が重なっているところもしっかり洗ってあげなくてはいけません。

また、お風呂に関しては「髪も体も石けんで洗ったほうがいいですか？」という質問もよく受けます。その質問に、「あなたはどうしているの？」と聞きます。たいていの方は、髪を洗うのはシャンプーで体は石けんで洗っていると答えますから、「赤ちゃんもあなたと一緒よ。どうしてあげたら気持ちがいいと思う？」と聞きます。

お風呂のときは体の隅々までしっかり見て垢や汚れをやさしく落としてあげれば、赤ちゃんもさっぱりして気分がいいことでしょう。

＊沐浴のテクニック

沐浴では、片手で赤ちゃんの首を支え、体の表と裏をまんべんなく洗います。生まれたばかりの赤ちゃんでも3キロ前後ありますすので、女性が片手で支えるのはけっこう大変です。かといって、自分ひとりだからと赤ちゃんをお風呂に入れないわけにもいきません。「主人の帰りがいつも遅く、沐浴させるのがたいへん」という声をよく聞きますので、人の力を借りないで沐浴を簡単にすませるテクニックをひとつ紹介します。

風呂場でもリビングでも好きな場所に、お湯を入れた洗面器、石鹸、ガーゼを用意します。赤ちゃんの肌着を脱がせたら、それをタオル替わりに敷いたままにして、石鹸を泡立てて体を洗います。濡らしたガーゼで泡を拭き取り、背中側や頭も同じ手順で洗う、拭き取るを繰り返し、最後に赤ちゃんをベビーバスで湯浴みさせたら終了です。この方法なら両手が使えるので、体の隅々まで洗うことができ、お母さんの負担も少なくてすみます。でも、これはあくまで臨時のテクニックですので、お父さんがいるときは、ゆっくり丁寧に洗ってもらいましょう。

うちの子、ちゃんと育ってる？

＊発育の速度は個人差が大きい

育児雑誌などを買うと、発育のだいたいの目安が書かれたカレンダーを目にすることがあります。母子手帳を開いても、首がすわるのは何カ月頃、目で物を追うのは何カ月頃というようなチェック項目があるため、多くのお母さんは、スケジュール通りにならないだけで不安な気持ちになってしまうようです。

双子のお母さんの場合は、さらに不安が募ります。上の子はハイハイをするのに、下の子はまったくその気配すら見せないなど、発育の速度が違えば違うほど何か問題があるのではないかと思ってしまうのでしょう。

しかし、一卵性の双子であっても、発育のスピードは違います。同じDNAを持っていても、ハイハイやたっちができるようになる時期が1～2週間ずれるのは珍しいことではなく、言葉を覚える速度も違いがあります。発育のスピードが速いのも、ゆっくり育つのも、それはすべてその子の個性。発育カレンダーと1カ月くらいの誤差が生じても、心配する必要はありません。待たされた分だけ、できたときの喜びもひとしお。それくらいの感覚でいてもまったく問題はないのです。

子どもが1歳になるまでは、24時間つきっきりになる方が大半だと思います。お母さんの「なんでできないんだろう」という不安な気持ちは、お母さんの真似をして成長する赤ちゃんにも伝わってしまうでしょう。お母さんが眉間にシワを寄せてばかりいると、赤ちゃんも思い悩んだ顔が得意になってしまいます。赤ちゃんにとって最上の教育は、ママの笑顔だということを心の片隅に留めておきましょう。

＊情報に惑わされないで

雑誌や母子手帳に書いてある目安よりも発育の速度が少しでも遅れると、「うちの子、発達障害ですか？」と聞いてくるお母さんが増えたのはここ数年のことです。ＡＤＨＤ※（注意欠陥・多動性障害）、発達障害などの言葉が一般的になるにつれ、ちょっとしたことで症状を当てはめて自分で診断をつけ、不安を増大させている方が増えています。

あるとき、６カ月の赤ちゃんを連れたお母さんが、「うちの子、笑わないんです。発達障害でしょうか？」と心配そうな顔でやってきました。でも、赤ちゃんは時折ニコッと微笑んで、ウフフと可愛らしい声をあげています。「月齢から見ても、これなら何も心配はいりません」とお母さんにお伝えすると、「他の赤ちゃんは、もっと楽しそうに笑いますよね？　うちの子は何か問題があるんじゃないですか？」とこちらの話を聞きません。「キャハハと声をあげて笑う赤ちゃんもいれば、ウフフと微笑む赤ちゃんもいて、それはその子の個性ですよ」と説明しても、まだ浮かない顔のままです。聞きか

※ＡＤＨＡ　じっとしていない、気が散りやすい、出し抜けに動くなどの症状が7歳以前に現れる。社会的活動や学業に支障をきたす。

じった情報にとらわれて、目の前の我が子を正常に見つめることができないのは寂しいなぁと思います。

個人差があるとわかっていても、子どもの発達について心配になることもあるでしょう。その不安を解消するひとつの手立てとして、健診を同じ病院で受ける、ということが挙げられます。同じ医師が継続してみていれば、この子はのんびり屋さん、この子は元気いっぱいなど、子どもの個性がわかります。そうすると、一般的にいわれている発達の度合いと、その子の個性を加味しながら、順調に育ってきているかを判断することができます。何千、何万の人に向けて語っている一般論より、1対1のお付き合いをしてきた医師の言葉なら、お母さんも安心できるのではないでしょうか。

＊習い事は子ども主体で選びたい

子どもの成長をサポートするために、あるいは、子どもの才能を伸ばすために、習い事をさせたいと思うのも親心でしょうか。子どもが1歳未満でも通えるベビーマッサージや、１歳前後から通えるベビースイミングなどが流行っていますが、興味があるなら、一度体験してみるのもいいでしょう。似たような月齢の子を持つ親同士が集まるわけですから、さまざまな会話に花が咲いて、育児ストレスの解消にひと役かってくれるはずです。ご近所以外にママ友がいると、気軽に相談ができていいという声もよく聞きます。

子どもが「やりたい」という意思を示すようになったら、その興味を最優先に考えてあげましょう。ただし、合わないのがわかっていながら、「忍耐力を養うために」と、小さな子どもを無理に通わせる必要はないはずです。どんなときでも、子どもが楽しそうに通っているかどうかを親の目でしっかり見てあげてください。「この子には才能がある！」などと、親のほうがのめり込むことがないように気をつけたいものです。

もっと母子手帳を活用しましょう

＊かけがえのない成長記録

母子手帳（母子健康手帳）は、名前の通り、お母さんと赤ちゃんの記録を残すためのものです。妊娠中は妊婦健診時のお母さんの腹囲や血圧などの記録、出産については赤ちゃんが生まれた時間や分娩の種類などを記入し、出産後は赤ちゃんの発育・発達に関することや予防接種の記録を残すものとして活用します。２００９年までは6歳までしか記入スペースがありませんでしたが、２０１０年4月からは7歳以降の身長・体重を記入するページが新しく設けられ、これまで以上に長く使用できるようになりました。

母子手帳は健診時に必ず持参します。健診の日までに、お母さんは保護者の記録として成長記録を記入しておきます。質問に対して、はい・いいえに丸をつけるだけでもいいのですが、せっかくなので、初めて歩いた日やママと呼んだ日などをメモしておき、育児ノートのように使ってみてはいかがでしょうか。健診に行くと、身長・体重・胸囲・頭囲などを記入してもらえますので、ページを開けば、子どもの発育・発達の様子がひと目でわかるようになります。

余談ですが、私は結婚するときに、親から母子手帳をもらいました。大人になってから自分の成長記録を見るのはとても楽しく、親の愛情を再確認することができました。そういう気持ちがあるせいでしょうか。母子手帳の表紙に名前も書いていなかったり、育児に追われて余裕がないのか、ページを開いても真っ白なのを見ると、悲しい気持ちになってしまいます。

また、近年、大学入学時に感染予防対策として、麻疹《はしか》や水痘《すいとう》などの予防接種済み証明書や抗体証明書の提出を義務づける大学が増えてきました。予防接種の数は年々増えてきていますし、年齢によっても受ける種類が違います。子どもの将来のためにも、いつ、どんな予防接種を受けたかを、予防接種手帳や母子手帳に記録しておくように心がけておきましょう。

母子手帳はただ記録するだけでなく、読み物としても優秀です。妊娠中の栄養の摂り方や、子育てに役立つ情報がコンパクトにまとめられていて、参考になります。何か疑問があるときは、まず母子手帳を開いてみましょう。

＊定期健診には意味がある

母子手帳を開くと、3カ月、6カ月、9カ月、1歳、1歳6カ月、2歳からは1年刻みで定期健診の結果を記入する欄があります。定期健診は、おすわりができる、ハイハイができるなど、発育・発達の鍵となる節目に設定されており、この月齢をキー・エイジと呼びます。もしもの場合に備え、子どもの病気や異変をなるべく早く発見するためにも、定期健診は欠かさずに行ってほしいと思います。

特に、1歳健診は無料とならない自治体が多く、受けずにすませる方が多いのですが、私は「アニバーサリー健診」と名付けて、お誕生日のお祝いとして健診を受けてもらえるよう呼びかけています。1歳は乳児期から幼児期へと移行する大切な時期で、食事も離乳食から普通の食事へと変わり、歩くようになります。また、仕事を持つお母さんが復職するタイミングでもあります。母子ともに大きな変化を遂げるときですので、お母さんが抱えている不安を解消し、今後の育児の見通しを立てるためにも、健診を受けていただくことをおすすめします。

2歳、3歳、5歳の定期健診は、子どもの順調な発達を見届けるほかに、知的障害や軽度の発達障害などを発見する目的がありますので、忘れずに受けましょう。

産休・育休明けの子育てについて

＊働くママへのお願いごと

育休明けで職場復帰する場合、子どもは1歳近くになっています。1歳になる間にさまざまな経験をして、お母さん自身もずいぶん〝図太く〟なっているはず。これまで何にでも一喜一憂していたことが嘘のように、子育てに慣れた頃です。だからこそ、この時期ならではのお願いがあります。

仕事に復帰したあとは、両親や兄弟、ベビーシッターなど、たくさんの人の手を借りながら子育てをする方が多いと思います。私の診察室にも、熱を出した孫を連れてくるおじいちゃんおばあちゃんがたくさんいます。ところが、お母さんはすでに、子どもが熱を出すことにも慣れてきているのでしょう。「熱が出たから病院に連れ行って」のひと言で、子どもをおじいちゃんおばあちゃんに託してしまうのです。すると、診察の際に「熱はいつから出ていますか？」とたずねても、答えることができません。

言葉で症状を伝えられない乳幼児の場合、いつから何度くらいの熱が出ていたのか、本人は苦しがっていたのか、食欲はあったのかなど、お母さんからの情報が診断する上で欠かせません。ですから、自分で病院に連れてくることができないときは、前日の様子などを、簡単でいいので、メモなどにしてお伝えいただきたいと思います。

そしてもうひとつのお願いは、厚めの育児書を一冊は持っていてほしいということです。お母さんに診断結果や病状を説明しても、一度で覚えきれないのはあたりまえです。夜、帰宅したご主人に説明できるようになるにも、育児書は必須となります。また、病名を聞いて家に帰り、自分で育児書をひもとくことで、よけいな不安を抱え込まずに、的確に病気が把握できるようになります。さっと引ける育児書が1冊あるだけで、情報の伝達がスマートになり、いらぬいざこざも回避できます。子どもが不調を訴えたときにも、病院に行く症状かどうかの判断ができます。お手元に置いておくことをおすすめします。

※おすすめの育児書

・『定本　育児の百科　上・中・下巻』（岩波書店・それぞれ1000円＋税）

5章　対談

妊娠・出産・育児は
“ままならないこと” ばかり

医師から見る、高齢の妊婦さんの印象はやっぱり真面目タイプ⁉ 普段は聞くことのできない医師の“本音” トーク。

対談
産婦人科医と小児科医からみる「高齢出産」

妊娠から出産、産後の母体の健康を診る産婦人科医と生まれてきた乳幼児の健康を見守る小児科医が、それぞれの立場から、高齢出産や現代の産科医療を取り巻く問題を語りました。

三石知左子先生

牧野郁子先生

高齢のお母さんは真面目？

三石　日々診察をしていて、漠然とだけれど、「高齢のお母さん方は真面目だなぁ」という印象を持っていたんです。今回、本を書くにあたってあらためて振り返ると、一層、そういう印象を強くしました。

牧野　先生はどこに真面目さを感じますか？

三石　たとえば、小児科の外来にくると、さっそくメモを取り出すお母さんがいるんです。そこに細かい字でびっしり質問が書かれているのを見ると、この方は高齢のお母さんねってすぐにわかるの。おそらく、定期健診の日に備えて、日頃からちゃんと勉強しているんでしょうね。それって、真面目だと思わない？

牧野　確かに思います。でも、そんなに質問が多いんですか？　産科では逆で、質問が少なくて心配になるくらいなんですよ。

三石　えっ、本当？　高齢の方よね？

牧野　はい。自分で調べてくる方が多くて、しかも、「こんなこと聞いていていいのかな……」と、奥ゆかしく質問する方が圧倒的に多いです。診察の最後に「何か質問はありませんか？」と聞いても、「大丈夫です」っていう答えが返ってきます。「大丈夫」といわれてしまうと、それ以上コミュニケーションが取れないので、私のように妊婦さんと積極的に関わっていきたいタイプからすると、ものたりないというか……。雑談も含めていろいろな話をしながら診察すれば、その人の性格や背景を含めて診断ができると思うんです。

三石　牧野先生のような先生ばかりなら、妊婦さんは幸せね。それにしても、産科と小児科ではずいぶん高齢出産の方の印象が違うのね……。「だいたい、授乳の間隔はどれくらいですか」って聞くと、その時間を細かくメモしたノートを取り出すお母さんも珍しくないんです。いつ飲んだかじゃなくて、ちゃんとおっぱいを飲んでいるかどうかを知るのが目的だから、「お母さん、適当でいいのよ」っていうんですけどね。

牧野　産科では、その真面目さが助かります。「高齢出産だと血圧が上がりやすい人もいるから、血圧を計ってきてね」っていうと、朝、昼、晩ときちんと計ってきてくださるので、とても助かっています。

三石　なるほど、それでわかったわ。妊娠中にきちんとデータを取ると褒められるから、育児の場面でも同じようにするのよね、きっと。

牧野　そうですね。毎日つけたデータを見せてもらったら、お礼をいいますし。

思い通りにならないことを楽しむ余裕を

三石　35歳以上で妊娠した妊婦さんには、「高齢」や「ハイリスク」という言葉を使って説明する場面がたくさん出てくるでしょう？

牧野　10カ月を快適に楽しく過ごしてもらうためには、高齢出産時の自分の体の状態やリスクを自覚することが大切です。それをわかってもらうために、高齢出産の妊婦さんには、出産までの段階ごとに詳しく説明しています。

三石　育児で神経質になってしまう高齢のお母さんが多いのは、自分だけじゃなく、生まれてきた赤ちゃんもハイリスクだと勘違いしているからじゃないかしら。

牧野　それはあるかもしれません。

三石　赤ちゃんが無事にオギャーと生まれたら、ママの年齢が20歳であろうと40歳であろうと、赤ちゃんの健康とは関係ないのよね。

牧野　ハイリスクなのはお母さんだけで、ギャルママの子どもも高齢ママの子どもも、健康な赤ちゃんに違いはないですからね。

三石　高齢で授かった子どもは貴重児だし、大切にしたい気持ちもわかるけど、育児の先は長いんだから、少し肩の力を抜いていただきたいなって思うわ。

牧野　仕事をバリバリやってきた方は完璧主義の面がありますから、肩の力を抜くのは不得意かもしれないですよね。私もそうですけど、長いこと仕事を続けていると、ミスをすることって減ってくるじゃないですか。だいたいのことは予想して動けるようにもなりますし。ところが、妊娠・出産・子育ては、そうはいかないんですよね。

三石　自分の思い通りにならないことばかり（笑）。

牧野　妊娠中は自分の努力とは無関係に体調が悪くなったり、血液検査の数値がよくなかったりなんて、よくあることなんです。けれど、完璧主義でやってきた方の中には、少し糖が出ただけで、自分の存在を全否定されたかのように感じてしまう方もいて……。

三石　でも、それも人生勉強と思えたらいいわよね。世の中の大半は自分の思い通りに行くと思っていたのが、妊娠・出産によって思い通りにならないこともあるって知るだけでも、自分の大きな財産になるわ。

牧野　そういう前向きな考え方、大好きです。

三石　だって、いちいち落ち込んでいたら、子育てなんてできないもの（笑）。夜中にちゃんとお布団をかけて寝ていたって、子どもは熱を出すんだから。それに、いつもは注意深く見ているのに、ちょっと目を離したときに限って転んだりするの。小児科医の私がこんなことといっていいのかわからないけれど、命に関わるような決定的な過ちでなければ、少しだけ反省したら、あとはいつも通りに戻る。それくらいの感覚でいないと、途中でバテるわよ。

牧野　妊娠中は、お腹の子を最優先と考えると、たいていの答えは見えてくるんですね。その肝心要の部分を木の幹とするならば、最近は枝葉を気にする方が多いように感じます。

三石　本当にそう。たくさんの情報に惑わされて、葉っぱの一枚一枚に目を光らせているような感じよね。私、それはインターネットの功罪だと思うの。ちょっと気になることがあれば、すぐに調べられる。それが悪いとはいわないけれど、そこに書いてあるすべてが正しい情報とは限らないでしょう？

牧野　医学の世界は日進月歩だから、ネットで見た情報が古い場合もありますしね。

三石 そういうことも含めて、数あるサイトの中から、信頼できるニュースソースを見つけるのは難しいですよ。それに、ネットで検索をしていると、自分に都合のいい部分だけを拾い読みして、勝手にストーリーを作り上げてしまうことだってあるはず。それがいちばん困るのよね。

牧野 そういう方は、私たちがいくら説明してもなかなか納得してくれませんよね。

三石 そうなの。現場の医師がいうことよりもネットを信頼されてしまったら、私たちの立場はないわ（笑）。

牧野 ネットで検索すると、どんなに些細なことでも、何かしらの答えが見つかりますよね。その影響でしょうか。最近の方はあいまいさをものすごく嫌います。たとえば、「外出するのはいいけれど、無理はしないでね」っていうと、「無理をしないっていうのは、どういうことですか？」って聞かれるんです。

三石　先生は、それにちゃんと答えるの？

牧野　この前、「スーパーに行くときは、事前に献立を決めていくとか、デパートに行ってもうろうろせず、目的のフロアでお買い物がすんだら帰ってくること」って答えたら、「先生がいちばん的確にいってくれます」って感謝されました。私にしても、いつも似たような質問をされるから、自分なりに考えて答えを用意しているだけなんですけど（笑）。でもいまは、そういう、わかりやすい答えが求められていますよね。

三石　私なんて「適当でいいわよ」ってすぐにいっちゃうから、気をつけないと（笑）。

出産・育児の充実感はバースプランから

牧野　考えてみると、いまの妊婦さんは大変ですよね。妊娠がわかったと同時に産む場所を確保しないといけないんですから。

三石　どうやって産みたいかを考える前に、分娩予約をする時代ですものね。

でも本当は、どういうお産をしたいのかを考えることが、とても大事なの。４年くらい前に、乳児健診にきたお母さんにアンケートを取ったことがあったんです。自分の希望が叶ったか叶わなかったは別として、こういうお産がしたいというバースプランを持っていたお母さんは、そうじゃないお母さんに比べて、育児は楽しくてやりがいがあると答えている率が高かったのよ。

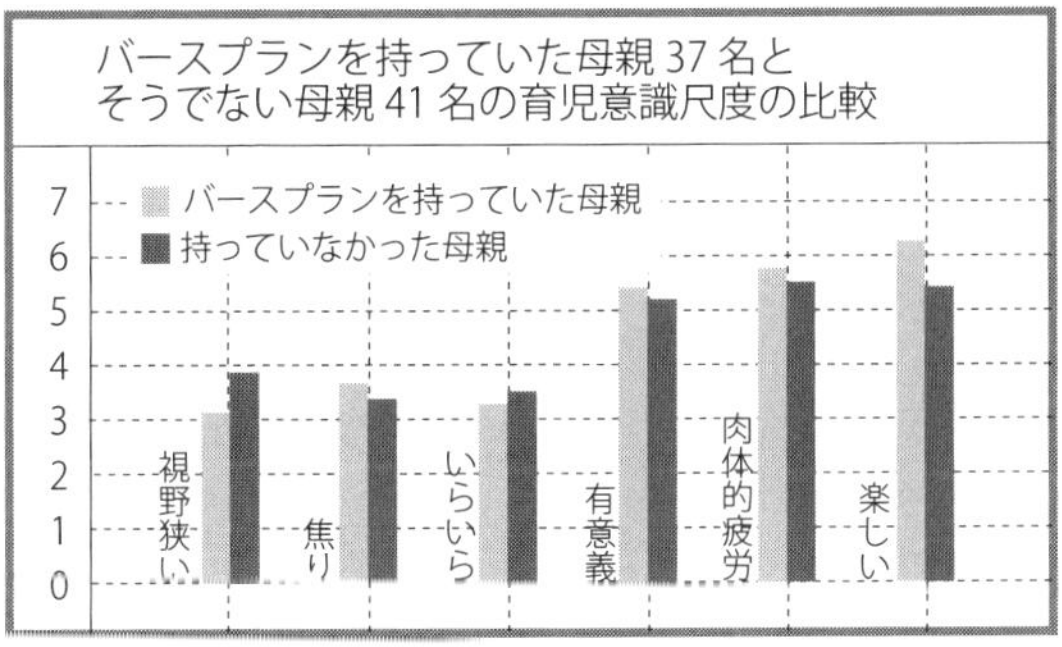

「自由な分娩体位と母親意識の発達」第41回日本周産期・新生児学会発表資料（2005.7）より抜粋

牧野　妊娠・出産についてたくさん考えている間に、お腹の赤ちゃんへの愛情も深まっていくんでしょうね。

三石　ご主人と一緒に考えることで、お父さんになる実感も高まると思うし、どんなお産をしたいのか、ゆっくり話し合ってみるのもいいわよね。ただ、バースプランも行き過ぎると「へその緒は主人に切らせてほしい」とか「会陰切開は絶対にしないでください」とか、ちょっと話が違う方向へ行きがちなんだけれど。

牧野　それで思い出しましたけど、以前に、点滴のルートを確保しようとしたら、「自然分娩をしたいから、点滴は嫌だ」といわれたんです。

三石　その人は、医療介入のないお産が自然分娩だと思っているのね。

牧野　「点滴ルートを確保している時点では、薬は何も入っていないんですよ。これは、万が一の出血や予期せぬトラブルが起きたときのための命綱のようなものなんですよ」と説明しても納得してくれないので、「点滴のルートを確保しなかったために、もし、赤ちゃんに何かあったらどうするの？　私の仕事は、何もいうことができない赤ちゃんを守ることなの。だから、いうことを聞いてね」って、もう、ここまでくると半分はお説教で、半分は私からのお願いになってましたけど(笑)。

三石　産気づいているときに、そこまで説明しなければいけないなんて、産科の先生方もたいへん。

牧野　お産の現場では、一瞬の判断で子どもの生死が決まります。お母さんのわがままを止めなければ、私もお母さんも後悔します。せっかく赤ちゃんを授かって、10カ月までお腹の中で育んできたんだから、大切な命を外の世界に出してあげたい、という気持ちが強くあるので、お母さんの思い込みやわがままを無条件に受け入れるわけにはいかないんですよ。

三石　意思とわがままが違うことを、お母さん方にもわかっていただきたいですよね。

牧野　赤ちゃんが安全に生まれるためには何が重要かを考えてほしいです。

妊娠さえできればいいという考えはＮＧ

三石　高齢出産を語るときに、どうしても不妊治療の話題は外せないと思うの。最近だと、不妊治療を保険適用にするかどうか、国会でも議論がなされているけれど……。

牧野　子宮外妊娠で卵管を切除したり、もともとの体質や病気などで子どもを授からない方もいます。そういう方にとって、不妊治療は大きな希望です。倫理観の問題もあり、意見の分かれるところだとは思いますが、私は、不妊治療は世の中に必要なものだと思っています。ただ、一般的に考えたときにネックになるのは、やはり、高額な医療費ですよね。

三石　受精卵を子宮に戻す体外授精は、１回の治療に数十万円かかるから、経済的にゆとりがあったとしても、何回も受けられないわよね。国の補助が少しでも受けられると助かる人がいっぱいいると思う。

牧野 でも私、現状のまま国の補助が受けられるようになったら、少し怖い気もします。というのは、いまの不妊治療の質は、ものすごくバラつきがあるんです。分娩の施設を持たないクリニックが不妊治療をしている場合がほとんどなので、そこで妊娠した人は、紹介状を持って、私のところにやってきます。中には、大きな子宮筋腫がある人や、ひどいときだと糖尿病の人までいらっしゃるんですよ。

三石 そういう病気を持っていたことを、不妊治療の先生は事前にご存知だったの？

牧野 当然、知らないです。知らないというより、調べもしないんです。

三石 血液検査すらやらない、ってことよね？

牧野 はい。血液検査をすれば糖尿病かどうかはわかるのに、それすらしていない医師が実際にいるんです。不妊治療のクリニックでは、妊娠した数がそのままクリニックの成果になるわけですよね。悪質なところは、お母さんになる人の健康はおかまいなしで、どんどん妊娠させちゃうんです。私としても授かった命を大切にしたいけれど、妊娠を継続すると母体が危険な場合などには、諦めることも含めて話をしなければならず、本当につらいです。

三石　高齢に加えて病気や多胎というリスクが加わると、早産などの可能性も高まるわよね。そうすると、産科の先生方はもちろん、産まれた後にバトンを受け取る新生児科の先生方も大変なのよね。

牧野　ただ妊娠すればいいという考え方は危険かもしれません。不妊治療を考えるときには、こういう厳しい現実もあるのだと知っていただいて、治療を始める前に、少なくとも血液検査と子宮の状態くらいはチェックしてくれる医師を選ぶようにしてほしいですね。

妊娠は〝神のみぞ知る〟世界

三石　十数年前なら妊娠を諦めざるをえなかった方でも妊娠ができるようになって、それ自体は本当によろこばしいことだと思います。

牧野　私も同感です。ただ、不妊治療といっても、医療は、あくまで妊娠のサポートしかできません。最後はやはり、精子と卵子の力だと思うんです。

三石　不妊治療が進んだといっても、治療を受けたすべての方が100パーセント妊娠できるわけではないものね。

牧野　そうなんです。それに、不妊治療で子どもを授かったご両親の中には、「私たちはちゃんと妊娠をしていない」って、負い目を感じる方もいます。「妊娠してますよ。おめでとう」と声をかけると、張りつめていた糸が切れたようにワァーっと泣き出す方もいらっしゃいます。いまは不妊治療も過渡期で、心の整理がつかないまま治療に踏み切る方も多いのでしょうね。でも、授かった命の重さに優劣はないし、妊娠したという事実に違いはないと思います。

三石　やはり、子どもは授かりものなのよね。不妊治療で医療の手を借りたとしても、妊娠に至るかどうかは神のみぞ知る、ということなんだから。もし、不妊治療の先生で「私が妊娠させた」という人がいたとすれば、それは医師の驕りだな、って思うわ。

牧野　その通りだと思います。私は不妊治療に携わっていた時期があるんですが、お皿の中の卵に精子を入れるときに、「頑張れ、精子！」って応援してました（笑）。いくら医療が進歩したといっても、精子と卵子を無理やり受精させることなんて、できないんです。受精するかどうかは、その子たちの相性だったり、運命が決めることだと思っています。

三石　いつの時代になっても、人間を作ることはできない。だからこそ、命は尊いんです。

著者
三石知左子（みついしちさこ）
小児科医。札幌医科大学卒業後、東京女子医科大学小児科入局、その後、東京女子医科大学母子総合医療センター小児保健部門講師を経て、現在、葛飾赤十字産院院長、東京女子医科大学非常勤講師。NPO法人ブックスタート理事。小児保健、ハイリスク児のフォローアップ、健診などを通じて乳幼児の発育発達、育児相談を中心に診療し、育児雑誌やインターネットなどでも新米お母さんの相談に答えている。『0～3歳までのはじめての育児』（ナツメ社）、『母乳＆ミルク育児安心BOOK』（学研）などを監修している。

牧野郁子（まきのいくこ）
医学博士、周産期（母体胎児）専門医。福岡大学医学部・同大学院卒業。過疎地のひとり医長から国立成育医療センターの最先端医療まで幅広く医療現場を経験。東京女子医科大学東医療センター産婦人科講師を経て、現在、東京女子医科大学産婦人科非常勤講師。産婦人科の魅力を伝えようと、医師のたまごたちと積極的に交流を図っている。著書に『占いで出産日を決めていいですか』（赤ちゃんとママ社）、監修に『元気な赤ちゃんが育つ安産ごはん』（ベネッセコーポレーション）がある。

35歳からの“おおらか”妊娠・出産
産婦人科医&小児科医のアドバイス

2010年5月20日　第1版第1刷発行

著者	三石知左子、牧野郁子
発行所	株式会社亜紀書房 〒101-0051 東京都千代田区神田神保町1-32 TEL03-5280-0261 http://www.akishobo.com 振替　00100-9-144037
印刷	トライ　http://www.try-sky.com
装丁	五味朋代（アチワデザイン室）
カバーイラスト	水上多摩江
本文イラスト	地獄カレー
構成・編集協力	今富夕起

ISBN978-4-7505-1002-6 C0077 ¥1600E

やせキレイになれる！
ゆる〜り 股関節ビューティー・ダイエット

O脚、たくましい太もも、二重あご、偏頭痛……すべては股関節のゆがみが原因。ふだんの生活を見直すだけで、体のなかから健康に、見た目はすっきりスリムになれる！　ゆっくり、無理せずキレイになりたい人にピッタリのダイエット！

清水 六観 著　1100円

自分で決める出産適齢期
「35歳からの出産」を選ぶあなたに

35歳で初産の著者、44歳で初産の監修者——当事者だからこそ伝えられる高齢出産の現実。不安や焦りを感じたら、手に取ってほしい一冊です。

中山 摂子（愛育病院産婦人科医長）**監修**
吉水 ゆかり 著　1680円

——価格は税込みです——